國文

普通高級中學

02

編輯大意

一、本書依據教育部於中華民國一〇七年一月二十五日發佈之「十二年國民基本教育課程綱要國民中小學暨普通型高級中等學校語文領域－國語文」編寫。

二、本書分五冊，供普通高級中學三學年五學期教學使用。

三、本書的目標，在於提升你閱讀理解的能力、文學感受的能力、同理多元文化的能力和運用語文來表達及思辨的能力。

四、每一冊課本都會聚焦在一個主題，其下會有三個單元，每單元配屬二到三課課文。「主題」、「單元」、「課文」三個層次之間是彼此連結的。因此，我們建議你在進入新單元時，可以先快速讀過該單元的導言和課文，形成一個整體印象，這可以加深你的理解。

五、每個單元的「導言」會告訴你這些課文為何值得一讀，以及它們共同關切的主題是什麼。文學作品不只能帶來美感的體驗，也能帶來深度的思考，好的文學作品都是在處理人們生活中的各種議題。你可以參考他們的文章，想想你自己是否也面對過同樣的處境？你的想法與他們有何相同、又有何不同？

六、在第一冊到第四冊，我們額外附加了「中國文學史單元」，分成「先秦」、「漢魏六朝」、「唐宋」、「元明清」四個部分。這是為了讓你能依照時間順序理解中國文學史的演變，你在複習時也可以單獨抽出這些單元來閱讀。

七、在課文中，我們配置了「題解」、「作者」、「提問」、「注釋」、「問題與討論」、「BOX」、「延伸閱讀」和「寫作練習」等欄位。這些欄位是為了幫助你更深刻地理解課文，從中學習怎麼閱讀一篇文章。我們特別希望你善用「提問」、「BOX」、「延伸閱讀」和「寫作練習」四個欄位。「提問」會引導你注意一些可能會漏掉的關鍵細節。「BOX」則會補充一些關鍵知識，讓你更進一步理解文章的特點或作者的暗示。「延伸閱讀」會包含與課文相同主題，但年代或媒介不同的作品，包含文學作品、非虛構寫作、電影、音樂、動漫等，若能在課餘時大量閱聽，能讓你更深入地理解課文。「寫作練習」則會讓你從模仿課文的手法開始，一步步建立寫作的工具箱。

八、在課本的最後，我們設有「閱讀超連結」這個單元。這個單元會收錄數篇自學篇章，供你在課餘時進一步閱讀。它們也都跟課本中的各個單元有所呼應，可能會補充單元中沒有提到的面向，也可能會提供完全不同的觀點。「閱讀超連結」的文章沒有題解、作者與注釋，挑戰性會比課文高一些，但你可以藉此磨練自己獨立閱讀新文章的能力。這樣一來，不管是對你未來的生活、還是考場上的表現，都會有實際的幫助。

九、目次加上「[illegible]」者為一〇八課綱十五篇推薦選文篇目。

十、依課綱規定，我們也編寫了二學分的「中華文化基本教材」。我們依照教學節數的比例，共編撰六單元。為了增加教學的靈活彈性，在授課時數與學分規劃上將文教課次平均安排在第二冊到第四冊，因此第二冊到第四冊的課本只編撰了十篇課文。

十一、呼應課本對於閱讀理解以及人文性、思辨性的重視，中華文化基本教材的編寫採取廣義人文學的視野，側重文化思想以及哲理概念的闡發，而非文字篇章與文本表述的層面。希望呈現中華文化中各家思想的精華，並且普及學術界的研究成果。六單元的文教選文中融入了人權教育、家庭教育、生命教育、品德教育、法治教育、多元文化教育、閱讀素養等當代議題。我們希望你能用現代生活的處境與思維去理解這些思想性文本，並且與之對話，從中汲取生命的養分與智慧。

十二、對應課本的架構與精神，「中華文化基本教材」的每一單元也都設有「導言」、「文本選讀」、「注釋」、「BOX」、「章旨詮釋」、「問題與討論」、「提問」等部分。我們希望你感知到選文的內涵與意義，不只是記誦解釋、翻譯，也不必單向的接受教條與訓話。在「人文精神」、「人性與安身立命」、「群己論」、「政治論」、「知識論」以及「幸福與自由」等六個單元中，我們邀請你參與一場思想的探索與冒險，透過文本，與哲人們圍坐，共同思考、辯詰著關於自我成長與生命發展的重要問題。在編排上採用橫排，請從290頁（文教２）開始左翻閱讀。

十三、不管是在課堂上、還是獨自閱讀的時候，保持獨立思考都是一件好事。就算是我們在課本中提供的說法，也不見得是這個世界的真理。如果你能提出與課本不同的看法，並且透過邏輯或更多的資料證明自己是正確的，那作為課本編者的我們也會非常開心。閱讀並且激盪出新的想法，這樣的行為正是對作家、作品最大的敬重。

十四、雖然你可能有別的興趣，但我們可以向你保證：我們會盡力提供一個多元、豐富、有趣的文學世界。只要你願意放開心胸閱讀，你會發現自己將會在這個過程中更了解自己，也更了解這個世界。

目次

第一單元

親情

導言 8

第一課 父後七日 10

第二課 寄遠戍東引的莫凡 38

第三課 種花 54

第二單元

友情

導言 84

第四課 與元微之書 86

第五課 愛情・鮮花・夢想的莊園
——殷海光（節錄） 102

第三單元

性別角色

導言 130

第六課 張李德和詩文選
（畫菊自序、歸寧、裁縫、教子） 132

第七課 童女之舞（節錄） 146

第八課 男人的撒嬌文化 166

第四單元 中國文學史——漢魏六朝

導言 182

第九課 鴻門宴 190

第十課 古詩、樂府詩選
（東門行、短歌行、擬詠懷之十一） 212

閱讀超連結

導言 228

織（節錄） 232

那些關於絕交的事 236

我愛過的那些故事 240

我的琴聲嗚咽 淚水全無 244

中華文化基本教材

第一單元 人文精神 290（文教2）

第二單元 人性與安身立命 268（文教24）

第一單元

親情

導言
親情

本單元的主題是「親情」。

如果你還沒完全忘記第一冊的話，應該會記得我們談論了許多關於「自己」的話題。而在這一冊，我們要來聊聊那些會伴隨著「自己」生活和成長的人們，第一站就從「家人」開始。在不同的社會環境裡，家庭有各式各樣的風貌，並沒有絕對的標準形式。從人數上百人的超大家族，到兩、三人的現代家庭，家庭的型態非常多元，但不變的是人類共同生活的願望、事實和情感。也因為我們跟家庭的關係如此緊密，「親情」當然也就成為文學作品中最豐富的主題之一。在這個單元，我們就會從「哀悼」、「傳承」、「衝突」三個概念切入，分別來讀三篇關於親情的作品。值得注意的是，這些文章寫的雖然都是個人的情感，但同時也蘊含了文化的議題。

首先是劉梓潔的〈父後七日〉，這是一篇關於「哀悼」的散文。生離死別會讓人有強烈的情感，並且也會刺激人們進一步思考生命的意義。〈父後七日〉的獨特之處，在於它明明寫的是父親去世的哀傷，卻能用荒謬、幽默的筆法呈現，帶來強烈的反差感。而這種反差，除了是一種深刻的文學手法之外，也是來自於「個人情感」和「文化儀式」的格格不入。「哀悼」本來是一件很個人的事，但在喪禮當中，卻必須遵照儀式的規矩來哭泣、說話和動作。為什麼哀悼的儀式會如此「規格化」？這樣的過程對生者有什麼幫助？個人又是怎麼在這樣的儀式中安頓自己的情感，面對未來？這都是可以思考的。

接著是洛夫的〈寄遠戍東引的莫凡〉。在這首詩裡，洛夫用自己的服役經驗去想像兒子的服役經驗，並以過來人的角度給予忠告與祝福。你對長輩的這類叮嚀，也許已經很熟悉了，但你可以看看洛夫在這首父子談心的詩中，如何描寫青春期的男性。無論你喜不喜歡，這種叮嚀凸顯的是家族的「傳承」功能，人類的社會文化就是在這樣的過程綿延下去的。你可以時時換位思考：如果你此刻有了兒女，你會想要傳承什麼樣的觀念給他們？這樣的自問不但可以讓你試著理解父母的心態，也可以幫助你了解自己。

然而，人類社會並不是一成不變的。年輕世代會面臨新的處境、有新的觀念，從而與上個世代發生「衝突」。王盛弘的〈種花〉講的就是這樣的故事。在文章中，你會看到敘事者的父母對社會議題的態度是保守的，可是某些「社會議題」卻是敘事者切身相關，不得不參與的。由此，上下兩代發生了衝突。而〈種花〉的感人之處，在於以強韌的親情超越了所有紛擾，寫出了一種「媽媽不能理解，但媽媽願意為你著想」以及「雖然媽媽沒說，但作兒子的也都感覺到了」的境地。如此的互相體諒，正是人們之所以能共同生活的基礎。

在短暫的寒假結束之後，要重新拿起課本來讀，或許會讓你有點不習慣。讓我們從新年假期的團圓氣氛開始吧——想想你過年時遇到的那些家人，然後跟著我們的課文，一起聊聊關於「親情」的種種美好與煩惱吧。

第一課　父後七日

題　解

〈父後七日〉是以父親過世後七天內的事件為主軸的散文。作者一方面描述她眼中傳統葬禮儀式的荒謬喜感，同時穿插父女相處的回憶以及對父親的思念。前者的輕盈歡樂對照後者的沉重悲傷，交織出笑中帶淚、有敘事魅力的故事。

以喜劇筆調呈現悲劇事件，是常見的文學手法。喜劇筆調讓人可以輕鬆訴說尷尬、難以啟齒的事。就像在〈父後七日〉中，我們看到父親會「虧」護士，家人「哭爸」哭久了也會累，這些舉止雖不符合一般人「父慈子孝」的想像，卻很鮮活地展現了真實的人性。

藉著一場喪禮，〈父後七日〉傳神地刻劃了中南部子弟北上打拼後，回看故鄉的心情。與傳統鄉土文學中，對故鄉帶著悲憫、關懷卻有所批判的視角不同，

〈父後七日〉少了批判，卻有更溫柔的同理和擁抱。

陳芳明如此評價〈父後七日〉：「以幽默、調侃、嘲弄、反諷的語調，描述守喪七日的悲傷與荒謬。語言是那樣放縱，然而深沉的哀悼就暗藏其中。痛苦被淨化了，對父親的懷念變成永恆。」

作者

劉梓潔（西元一九八〇年—），臺灣彰化人。國立臺灣師範大學社教系新聞組畢業、清華大學臺灣文學研究所肄業。曾任《誠品好讀》編輯、《中國時報》「開卷週報」記者。現為專職作家、編劇。

二〇〇六年，劉梓潔以〈父後七日〉獲「林榮三文學獎」散文首獎，並在二〇一〇年擔任同名電影編導，獲得臺北電影節的「最佳編劇」和金馬獎「最佳改編劇本」。劉梓潔的文字淺白幽默、節奏明快，作品既有純文學的深度，亦有通俗文學的閱讀樂趣。著有散文集《父後七日》、《此時此地》，短篇小說集《親愛的小孩》、《遇見》，長篇小說《真的》、《外面的世界》。

今嘛[1]你的身軀[2]攏總[3]好了，無傷無痕，無病無煞，親像少年時欲去打拚。

這是第一日。

葬儀社的土公仔[4]虔敬地，對你深深地鞠了一個躬。[a]

我們到的時候，那些插到你身體的管子和儀器已經都拔掉了。僅留你左邊鼻孔拉出的一條管子，與一只虛妄的兩公升保特瓶連結，名義上說，留著一口氣，回到家裡了。

那是你以前最愛講的一個冷笑話，不是嗎？

聽到救護車的鳴笛，要分辨一下啊，有一種是有醫[5]～有醫～，那就要趕快讓路；如果是無醫[6]～無醫～，那就不用讓了。一干親戚朋友被你逗得哈哈大笑的時候，往往只

提問

[a] 〈父後七日〉主題是父親的死亡，作者為何選擇從「身軀攏總好了」開始說故事？如果是你來寫親人的死亡，你會選擇從什麼角度切入？

有我敢挑戰你：如果是無醫，幹嘛還要坐救護車?![b]

要送回家啊！

你說。

所以，[c]我們與你一起坐上救護車，回家。

名義上說，子女有送你最後一程了。

上車後，救護車司機平板的聲音問：小姐你家是拜佛祖還是信耶穌的？我會意不過來，司機更直白一點：你家有沒有拿香拜拜啦？我僵硬點頭。司機倏地把一張卡帶翻面推進音響，南無阿彌陀佛南無阿彌陀佛南無阿彌陀佛南無阿彌陀佛。

那另一面是什麼？難道哈利路亞哈利路亞哈利路亞哈

b 眾人大笑，只有女兒敢挑戰父親。看了這互動，你覺得他們的關係如何？為什麼作者要在這裡安插這段回憶？

c 這裡的上下文並沒有邏輯關係，「我們」並不是因為父親講了笑話才要回家，那麼「所以」在這裡的用途是什麼？

利路亞?!我知道我人生最最荒謬的一趟旅程已經啟動。d

(無醫~無醫~)e

我忍不住，好想把我看到的告訴你。f男護士正規律地一張一縮壓著保特瓶，你的偽呼吸。相對於前面六天你受的各種複雜又專業的治療，這一最後步驟的名稱，可能顯得平易近人許多。

這叫做，最後一口氣。

到家。荒謬之旅的導遊旗子交棒給葬儀社、土公仔、道士，以及左鄰右舍。(有人斥責，怎不趕快說，爸我們到家了。我們說，爸我們到家了。)

男護士取出工具，抬手看錶，來!大家對一下時喔，

d 作者說，這是人生「最最荒謬的一趟旅程」，在接下來閱讀時，註記你覺得荒謬的地方。你可以跟同學比對，你們的註記有哪些差異，討論彼此的認知為何不同。

e 接下來請留意，作者會在哪種內容加上括弧?這些括弧如果去掉了，效果有何不同?

f 父親已經過世了，為何作者依然要不停對父親說話，彷彿父親仍活著?為何作者不是用「他」而是用「你」?如果把所有的「你」換成「他」感覺有什麼不同?

十七點三十五分好不好？

好不好？我們能說什麼？g

好。我們說好。我們竟然說好。

虛無到底了，我以為最後一口氣只是用透氣膠帶黏個樣子。沒想到拉出好長好長的管子，還得劃破身體抽出來，男護士對你說，大哥忍一下喔，幫你縫一下。最後一道傷口，在左邊喉頭下方。

（無傷無痕。）

我無畏地注視那條管子，它的末端曾經直通你的肺。我看見它，纏滿濃黃濁綠的痰。

（無病無煞。）

g 這個「好不好」是請求同意的意思嗎？如果不是，那是什麼意思？依照上述理解，你認為下一段的「竟然」是什麼意思？

跪落！葬儀社的土公仔說。

我們跪落，所以我能清楚地看到你了。你穿西裝打領帶戴白手套與官帽。（其實好帥，稍晚蹲在你腳邊燒腳尾錢時我忍不住跟我妹說。）

腳尾錢[8]，入殮[9]之前不能斷，我們試驗了各種排列方式，有了心得，折成L形，搭成橋狀，最能延燒。我們也很有效率地訂出守夜三班制，我妹，十二點到兩點，我哥兩點到四點。我，四點到天亮。

鄉紳耆老[10]組成的擇日[11]小組，說：第三日入殮，第七日火化。

半夜，葬儀社部隊送來冰庫，壓縮機隆隆作響，跳電好幾次。每跳一次我心臟就緊一次。

半夜，前來弔唁[12]的親友紛紛離去。你的菸友，阿彬叔叔，點了一根菸，插在你照片前面的香爐裡，然後自己點了一根菸，默默抽完。兩管幽微的紅光，在檀香裊裊中明滅。好久沒跟你爸抽菸了，反正你爸無禁無忌，阿彬叔叔說。是啊，我看著白色菸蒂無禁無忌矗立[13]在香灰之中，心想，那正是你希望。

正式的葬儀是使用香，但這裡父親的朋友卻改用菸。你覺得這種「不合禮法」的祭儀，呈現了怎樣的心情或情感？

第二日。我的第一件工作，校稿。

葬儀社部隊送來快速雷射複印的訃聞。我校對你的生卒年月日，校對你的護喪妻孝男孝女胞弟胞妹孝姪孝甥的名字你的族繁不及備載。

我們這些名字被打在同一版面的天兵天將，倉促成軍，要布鞋沒布鞋，要長褲沒長褲，要黑衣服沒黑衣服。（例如我就穿著在家習慣穿的短褲拖鞋，校稿。）來往親友好有意見，有人說，要不要團體訂購黑色運動服？怎麼了?!這樣比較有家族向心力嗎？

如果是你，你一定說，不用啦。你一向穿圓領衫或白背心，有次回家卻看到你大熱天穿長袖襯衫，忍不住虧你，

依照一般的文法，這裡的一串稱謂本來應該要以頓號隔開，為何作者不加頓號？如果加了，念起來感覺會不同嗎？

怎麼老了才變得稱頭[15]？你捲起袖子，手臂上埋了兩條管子。一條把血送出去，一條把血輸回來。

開始洗腎了。你說。

第二件工作，指板[16]。迎棺[17]。乞水[18]。土公仔交代，迎棺去時不能哭，回來要哭。這些照劇本上演的片場指令，未來幾日不斷出現，我知道好多事不是我能決定的了，就連，哭與不哭。總有人在旁邊說，今嘛毋駛[19]哭，或者，今嘛卡緊[20]哭。我和我妹常面面相覷，滿臉疑惑，今嘛，是欲哭還是不哭？（唉個兩聲哭個意思就好啦，旁邊又有人這麼說。）

有時候我才刷牙洗臉完，或者放下飯碗，聽到擊鼓奏

作者在描述當下的情況時，不時穿插過去關於爸爸的回憶。從這兩段「女兒發現爸爸開始洗腎的回憶」來看，你覺得爸爸是個有什麼樣個性的人？

樂，道士的麥克風發出尖銳的咿呀一聲，查某囝[21]來哭！如導演喊action！我這臨時演員便手忙腳亂披上白麻布甘頭[22]，直奔向前，連爬帶跪。

神奇的是，果然每一次我都哭得出來。k

第三日，清晨五點半，入殮。葬儀社部隊帶來好幾落衛生紙，打開，以不計成本之姿一疊一疊厚厚地鋪在棺材裡面。土公仔說，快說，爸給你鋪得軟軟你卡好睏[23]哦。我們說，爸給你鋪得軟軟你卡好睏哦。（吸屍水的吧？！我們都想到了這個常識但是沒有人敢說出來。）

子孫富貴大發財哦。有哦[24]。子孫代代出狀元哦。有哦。

k 為何作者把自己比喻成臨時演員，把道士比喻成導演？如果演戲是假的，為什麼作者每一次都哭得出來？

子孫代代做大官哦。有哦。念過了這些，終於來到，最後一面。

我看見你的最後一面，是什麼時候？如果是你能吃能說能笑，那應該是倒數一個月，爺爺生日的聚餐。那麼，你跟我說的最後一句話是什麼？無從追考了。

如果是你還有生命跡象，但是無法自行呼吸，那應該是倒數一日。在加護病房，你插了管，已經不能說話；你意識模糊，睜眼都很困難；你的兩隻手被套在廉價隔熱墊手套裡，兩隻花色還不一樣，綁在病床邊欄上。

攏無留一句話啦！你的護喪妻，我媽，最最看不開的一件事，一說就要氣到哭。

這邊母親的「生氣」真的只有憤怒的感覺嗎？還是也有別的感情在裡面？

你有生之年最後一句話，由加護病房的護士記錄下來。插管前，你跟護士說，小姐不要給我喝牛奶哦，我急著出門身上沒帶錢。你的妹妹說好心疼，到了最後都還這麼客氣這麼節儉。

你的弟弟說，大哥是在虧護士啦。

第四日到第六日。誦經如上課，每五十分鐘，休息十分鐘，早上七點到晚上六點。這些拿香起起跪跪的動作，都沒有以下工作來得累。

首先是告別式場的照片，葬儀社陳設組說，現在大家都喜歡生活化，挑一張你爸的生活照吧。我與我哥挑了一

一般來說，遺言通常是嚴肅正經的交代後事，作者為什麼要寫一個對死者來說有點糗的橋段？

張，你翹著二郎腿，怡然自得貌，大圖輸出。一放，有人說那天好多你的長輩要來，太不莊重。於是，我們用繪圖軟體把腿修掉，再放上去。又有人說，眼睛笑得瞇瞇，不正式，應該要炯炯有神。怎麼辦?!我們找到你的身分證照，裁下頭，貼過去，終算皆大歡喜。（大家圍著我哥的筆記型電腦，直嘖嘖稱奇：今嘛電腦蓋厲害[26]。）

接著是整趟旅程的最高潮。親友送來當做門面的一層樓高的兩柱罐頭塔[27]。每柱由九百罐舒跑維他露P與阿薩姆奶茶砌成，既是門面，就該高聳矗立在豔陽下。結果曬到爆，黏膩汁液流滿地，綠頭蒼蠅率隊占領。有人說，不行這樣爆下去，趕快推進雨棚裡，遂令你的護喪妻孝男孝女胞弟胞妹孝姪孝甥來，搬柱子。每移一步，就砸下來幾罐，終於移到大家護頭逃命。

尚有一項艱難至極的工作，名曰公關。你龐大的姑姑阿姨團，動不動冷不防撲進來一個，呼天搶地，不撩撥起你的反服母[28]及護喪妻的情緒不罷休。每個都要又拉又勸，最終將她們撫慰完成一律納編到摺蓮花組。

神奇的是，一摸到那黃色的糙紙，果然她們就變得好平靜。

三班制輪班的最後一夜。我妹當班。我哥與我躺在躺了好多天的草席上。（孝男孝女不能睡床。）

我說，哥，我終於體會到一句成語了。以前都聽人家

說，累嘎欲靠北[29]，原來靠北真的是這麼累的事。

我哥抱著肚子邊笑邊滾，不敢出聲，笑了好久好久，他才停住，說：幹，你真的很靠北。n

第七日。送葬隊伍啟動。我只知道，你這一天會回來。不管三拜九叩、立委致詞、家祭公祭、扶棺護柩[30]，（棺木抬出來，葬儀社部隊發給你爸一根棍子，要敲打棺木，斥你不孝。我看見你的老爸爸往天空比劃一下，丟掉棍子，大慟[31]。）一有機會，我就張目尋找。

你在哪裡？我不禁要問。

你是我多天下來張著黑傘護衛的亡靈亡魂？（長女負責

n 這兩段的「靠北」至少有三個意思，請依照上下文，推測三個「靠北」分別是什麼意思？

撐傘。）還是現在一直在告別式場盤旋的那隻紋白蝶？或是根本就只是躺在棺材裡正一點一點腐爛屍水正一滴一滴滲入衛生紙滲入木板？

火化場，宛如各路天兵天將大會師。領了號碼牌，領了便當，便是等待。我們看著其他荒謬兵團，將他們親人的遺體和棺木送入焚化爐，然後高分貝狂喊：火來啊，緊走[32]！火來啊，緊走！

我們的道士說，那樣是不對的，那只會使你爸更慌亂更害怕。等一下要說：爸，火來啊，你免驚惶[33]，隨佛去。

我們說，爸，火來啊，你免驚惶，隨佛去。

第八日。我們非常努力地把屋子恢復原狀，甚至習俗中說要移位的床，我們都只是抽掉涼蓆換上床包。

有人提議說，去你最愛去的那家牛排簡餐狂吃肉（我們已經七天沒吃肉）。有人提議去唱好樂迪。但最終，我們買了一份蘋果日報與一份壹週刊。各臥一角沙發，翻看了一日，邊看邊討論哪裡好吃好玩好腥羶[34]。

我們打算更輕盈一點，便合資簽起六合彩[35]。08。16。17。35。41。

農曆八月十六日，十七點三十五分，你斷氣。41，是送到火化場時，你排隊的號碼。

（那一日有整整八十具在排。）

開獎了，17、35中了，你斷氣的時間。賭資六百元（你的反服父、護喪妻、胞妹、孝男、兩個孝女共計六人每人出一百），彩金共計四千五百多元，平分。組頭阿叔當天就把錢用紅包袋裝好送來了。他說，臺彩特別號是53咧。大家拍大腿懊悔，怎沒想到要簽?!可能，潛意識裡，53，對我們還是太難接受的數字，我們太不願意再記起，你走的時候，只是五十三歲。

我帶著我的那一份彩金，從此脫隊，回到我自己的城市。

有時候我希望它更輕更輕。不只輕盈最好是輕浮。輕浮到我和幾個好久不見的大學死黨終於在搖滾樂震天價響的

為什麼作者「希望它更輕更輕」、「不只輕盈最好是輕浮」？為什麼在後面的段落又「不知不覺地變得很重」了？你可以解釋這裡「輕」跟「重」的心境轉折嗎？

酒吧相遇我就著半昏茫的酒意把頭靠在他們其中一人的肩膀上往外吐出菸圈順便好像只是想到什麼的告訴他們。p

欸，忘了跟你們說，我爸掛了。

他們之中可能有幾個人來過家裡玩，吃過你買回來的小吃名產。所以會有人彈起來又驚訝又心疼地跟我說你怎麼都不說我們都不知道？

我會告訴他們，沒關係，我也經常忘記。

是的。我經常忘記。

於是它又經常不知不覺地變得很重。重到父後某月某日，我坐在香港飛往東京的班機上，看著空服員推著免稅菸酒走過，下意識提醒自己，回到臺灣入境前記得給你買

p 此處連續三行未使用標點符號，顯然並非常見寫法，你覺得作者為什麼不加標點符號？這樣寫有什麼效果？

一條黃長壽。

這個半秒鐘的念頭，讓我足足哭了一個半小時。直到繫緊安全帶的燈亮起，直到機長室廣播響起，傳出的聲音，彷彿是你。

你說：請收拾好您的情緒，我們即將降落。

重新閱讀倒數三段，你覺得最後一句的「降落」是什麼意思？為什麼降落接在大哭之後？

注釋

1 今嘛：現在。在此為臺語詞彙，音讀作「tsit-má」。本書採取之標音系統為「臺灣閩南語羅馬字拼音方案」。

2 身軀：身體。在此為臺語詞彙，音讀作「sin-khu」。

3 攏總：全部。在此為臺語詞彙，音讀作「lóng-tsóng」。

4 土公仔：處理喪葬事宜的工人。在此為臺語詞彙，音讀作「thóo-kong-á」。

5 有醫……：諧音，意指還有救，仿救護車的嗚笛聲。臺語「有」音讀作「ū」。

6 無醫……：諧音，仿救護車的嗚笛聲。臺語「無」音讀作「bô」。

7 ?!：表示驚疑的語氣。雖不合文法，但為作者特殊的標點符號用法。

8 腳尾錢：民間信仰中，燒給往生者的盤纏。親屬在往生者腳邊燒銀紙，火必須連綿不斷。亦不可燒得太多太快，否則往生者會跑得太急太累。

9 入殮：將遺體放入棺材中。「殮」音「ㄌㄧㄢˋ」。

10 鄉紳耆老：鄉里中德高望重的人。「耆」音「ㄑㄧˊ」。

11 擇日：為喪葬的程序挑選好的時辰。

12 弔唁：親友祭拜往生者，並慰問家屬。「弔」音「ㄉㄧㄠˋ」。「唁」音「ㄧㄢˋ」。

13 矗立：高聳直立。「矗」音「ㄔㄨˋ」。

14 護喪妻：臺灣特有的喪葬名詞，意指往生者的妻子。由於過去習慣的「未亡人」一詞，蘊含了丈夫去世之後、妻子就必須守寡至死的意味，不符合男女平等精神，故現代多使用此一詞彙。「護喪」原意為「總理喪葬事務的人」。

15 稱頭：一個人的裝扮很有品味。

16 指板：喪葬禮俗。為避免遺體腐爛，喪家立刻採買棺材的步驟。「板」即棺材。

17 迎棺：喪葬禮俗。棺材扛到門前時，親人穿著孝服在門前啼哭，迎接棺材進門。

18 乞水：喪葬禮俗。向神明祈求淨水，以此水為死者沐浴的儀式。

19 毋駛：不行。在此為臺語詞彙，音讀作「buē-sái」。

20 卡緊：快一點。在此為臺語詞彙，音讀作「khah-kín」。

21 查某囝：女兒。在此為臺語詞彙，音讀作「tsa-bóo-kiánn」。

22 甘頭：以白色麻布製作的喪帽。在此為臺語詞彙，音讀作「kám-thâu」。

23 卡好睏：比較舒服、容易入睡。在此為臺語詞彙，音讀作「khah-hó-khùn」。

24 有哦：呼應的聲音。在此為臺語詞彙，音讀作「ū-ooh」。

25 攏無：都沒有。在此為臺語詞彙，音讀作「lóng-bô」。

26 蓋：很、非常。在此為臺語詞彙，音讀作「kài」。

27 罐頭塔：辦喪事時所使用的祭品，多為殯儀館、喪儀社提供，或是由逝者親戚朋友贈送。喪禮結束後由喪家處理分送或葬儀社回收。古時候沒有罐頭，一般親戚朋友會以大銀燭糕仔封、軸、花圈給喪家。今日多為排場氣派用的裝飾品，一般擺設在喪家門口兩側。

28 反服母：往生者的母親。「反服」意為「尊長為卑幼服喪」。後文的「反服父」意義相同。

29 累嘎欲靠北：形容極度疲憊的樣子。在此為臺語短句，音讀作「thiám kah beh khàu-pē」。

30 扶棺護柩：送葬時，在棺材兩旁護送。「柩」音「ㄐㄧㄡˋ」，棺材。

31 大慟：劇烈地悲傷。「慟」音「ㄊㄨㄥˋ」。

32 緊走：快點走，此處意為提醒往生者的靈魂快點離開身體。在此為臺語詞彙，音讀作「kín-tsáu」。

33 免驚惶：不用擔心、害怕。在此為臺語短句，音讀作「bián kiann-hiânn」。

34 腥羶：原義為「牛、羊肉刺鼻的氣味」，後引申成「刺激的話題」。「羶」音「ㄕㄢ」。

35 六合彩：一種猜數字的賭博遊戲。

問題與討論

1 你覺得文中哪一段落情緒最強烈？為什麼？

2 這是一篇關於「儀式」與「告別」的作品。文中出現了一些並不符合傳統儀式，卻對作者自己有意義的悼念行為。你能否找出那些悼念行為？你認為傳統儀式有什麼樣的功能？跟個人的悼念行為又有何差異或相同之處？

3 為什麼作者用深具喜感和疏離感（比如使用「校稿」、「公關」這類較為正式的詞彙）的方式去講這麼悲傷的一件事？「悲傷」和「喜感」、「悲傷」和「疏離」看似是難以並存的，你認為寫法有什麼樣的效果？

4 本文大部分是用中文書寫，但也有很多臺語詞彙，兩種語文交錯，你覺得作者為何採取這樣的寫作策略？閱讀文章時，這些詞彙讓你產生何種感受？

寫作練習：雙線結構

「雙線結構」是文學作品中的常用手法，特別用於追思、回憶的題材。雙線結構的寫法，是列出A、B兩條時空線，並且將每條時空線等分為數個場景，比如將A等分為A1，A2，A3，將B等分為B1，B2，B3。接著，將這些場景交錯排列，依照A1→B1→A2→B2→A3→B3來描寫。這樣的寫法，能夠營造出更深層的情緒。同時，這也是一種比較複雜的寫法，必須同時具備我們在第一冊提過的「睹物思人」和「轉場」能力，才能寫得流暢。

在〈父後七日〉中，「父親的葬禮」和「與父親的回憶」這兩條時空線，就是以這樣的手法交錯排列的。請仿照〈父後七日〉的「雙線結構」，並以「最想念的人」為題，完成下列的大綱表格。每格文字不可超過50字。

最想念的人

A（那個人不在身邊的「現在」場景）	B（那個人還在身邊的「過去」場景）
A1：	B1：
A2：	B2：
A3：	B3：

延伸閱讀

文字

1 黃春明，〈死去活來〉收錄於《放生》，聯合文學，二〇〇九。

2 布魯諾．舒茲，林蔚昀譯，〈沙漏下的療養院〉收錄於《沙漏下的療養院》，聯合文學，二〇一四。

3 凱倫．羅舒著，謝靜雯譯，《沼澤新樂園》，三采文化，二〇一四。

4 艾利森．貝克德爾著，葉佳怡、劉文譯，《歡樂之家：一場家庭悲喜劇》，臉譜，二〇一八。

影視

1 蔡明亮導演，《你那邊幾點》，二〇〇二年上映。

2 王育麟、劉梓潔導演，《父後七日》，二〇一〇年上映。

3 黃惠偵導演，《日常對話》，二〇一七年上映。

4 瞿友寧導演，《花甲男孩轉大人》電視劇，二〇一七年播出。

5 李．安克里奇導演，《可可夜總會》（Coco），二〇一七年上映。

音樂

1 蕭煌奇演唱，〈末班車〉，收錄於《孤獨的和弦》，二〇〇二年發行。

2 江美琪演唱，〈父親你是安靜的〉，收錄於《戀人心中有一首詩》，二〇〇五年發行。

3 李千娜演唱，〈爸爸〉，收錄於《說實話》，二〇一六年發行。

4 李宗盛演唱，〈新寫的舊歌〉，收錄於《新寫的舊歌》，二〇一八年發行。

第二課　寄遠戍東引的莫凡[1]

題解

〈寄遠戍東引的莫凡〉是洛夫為東引服役的兒子所寫的詩。莫凡自幼熱愛音樂，是臺灣知名樂團「凡人二重唱」的一員。詩中傳達了父親糾結的心緒：既擔憂兒子在資源相對匱乏的外島當兵，適應不良；又期望兒子脫離父母羽翼後，有所鍛鍊與成長。同時，也寄託了作者自己日漸老去的感慨。

本詩在詩藝上，最值得注意的是「季節—生命」的隱喻結構。詩的開頭以「春天裡內分泌的大革命」為主軸，作者用了大量的生長意象，憶述青春期的兒子從身體、性徵、行為到自我意識的改變。接著，主軸從「春天」轉到「夏天」，也意味從青澀走向成熟；作者期許兒子能在當兵期間體會挫折與孤獨，並從「男孩」變成「男人」的過程中，懂得有時要與現實妥協。最後，以「秋涼」作結，從外在季節的感知回到內在情感的轉變，作者抒發自己在兒子離家後，內心隱密的思念與哀愁。

作者

洛夫（西元一九二八年—西元二〇一八年），本名莫運端，後改名莫洛夫。生於中國湖南衡陽，一九四九年隨軍來臺，畢業於淡江大學英文系。一九九六年移居加拿大，二〇一八年病逝臺北。一九五四年，洛夫與同在左營服役的張默共同創辦《創世紀》詩刊，後來瘂弦加入，號稱創世紀「鐵三角」，是重要的軍旅詩人。詩集有《石室之死亡》、《時間之傷》、《因為風的緣故》、《魔歌》、《漂木》等。

他的現代詩具有強烈的超現實主義色彩，主題聚焦在戰爭與死亡的探索，表現手法抽象魔幻，風格形式多變。以「詩魔」形象著稱的洛夫，在《石室之死亡》自序中，描述了寫詩的心境：「攬鏡自照，我們所見到的不是現代人的影像，而是現代人殘酷的命運，寫詩即是對付這殘酷命運的一種報復手段。」

從激切的琴聲中
我聽到
你衣扣綻落[2]，皮膚脹裂的聲音[a]
啤酒屋裡
性徵與豪語同驚四座
之後是聯考，補習班
是鬧鐘和腦細胞的叛逆
是春天
春天裡內分泌的大革命[b]
之後是失戀
頻頻用冷水洗頭
孩子，搞戀愛怎能像搞夕陽工業[3]

提問

a 琴聲「激切」到使得「衣扣綻落，皮膚脹裂」，這段文字充滿了生長的爆發力。除了具體的身體抽長，請你往後找看看，感受這段詩中還有哪些關於「生長」的意象？

b 請先參考BOX裡面「迴行」的定義，接著找出這行詩句之前，有幾處是「迴行」？你覺得這樣安排，讀起來有什麼效果？如果那些地方不採取「迴行」的寫法，讀起來會有什麼差別？

想必這個夏季
你又潦草度過 c
亦如我這
以語字鎔鑄時間的人
汗水攪拌過的意象 4
一句也未發酵 d

睡在
兇猛的海上
只怕夢
也會把枕頭咬破
風，搞不清楚從哪個方向來

c

「夕陽工業」通常指的是沒有前景的產業。詩人拿「夕陽工業」比喻戀愛，你覺得詩人對兒子談戀愛的方式有什麼看法？

d

講完兒子失戀經驗後，接下來，詩人又把詩歌書寫自比為夕陽工業，說我也跟你一樣。你認為詩人想透過這種移轉，向兒子表達什麼心情？

你說：冷
只好裹緊大衣
抱住火熱的槍
下半夜，以自瀆的頻率 [5]
顯示成長 [e]

用小刀割開封套
一陣海浪從你信中湧出
那些字
沙沙爬行於我心的方格
你說寂寞炒螃蟹 [6]
不加作料也很有味道

e 這一段出現不少情境，描述詩人對兒子當兵的想像，包括「海」、「風」等離島的自然環境所衍生出來的身體感覺，還有「自瀆」的身體意象。身為讀者，透過這些想像，你可否描述出這是什麼樣的軍旅生活？

你把吃賸下的一堆殘殼寄給我們 7 f
淡淡的腥味中
我真實地感知
體內浩瀚著一個
宿命的
孤絕的
海 g

成長中你不妨試著
以鬍渣，假牙，以及虛胖
以荊棘的慾望
以一面受傷的鏡子

f 此處出現了「蟹殼」的意象，請想想看，詩人如何從「家書」聯想到吃剩的「殘殼」？「殘殼」意味著什麼內容或東西？

g 「淡淡的腥味中／我真實地感知／體內浩瀚著一個／宿命的／孤絕的／海」，透露了作者自己的軍旅經驗，並且通過自己的境遇把父與子的血親關係連結在一起。從歷史背景來看，你同意這樣的連結嗎？為什麼？

以琴弦乍斷的一室愀然[8]
以懸崖上眺望夕照時的冷肅
去理解世界
刀子有時也很膽小[h]
掉進火中便失去了它的個性
切切記住：
眾神額頭上的光輝
大多是疤的反射
想想世人靈魂日漸鈣化的過程
便夠你享用一生[i]
秋涼了，你說：

[h] 請將「刀子有時也很膽小」到「便夠你享用一生」這七行，改寫成一段不分行的散文。你可以補上必要的字句或標點，但盡可能要在最小改動下完成。朗讀原版和你改寫的散文版，你覺得有何不同？

[i] 這段詩用了「你不妨」、「切切記住」等上對下的書面用語，叮嚀、勸告兒子要如何面對這個世界，其中展示了詩人自己的人生體會。你覺得這段文字中，作者想傳達哪些人生哲理與法則？你從哪裡看出來？

燈火中的家更形遙遠
我匆匆由房間取來一件紅夾克
從五樓陽台
向你扔去[j]
接著：
這是我身上摘下的
最後一片葉子[k]

後記：

吾兒莫凡抽籤而得以分配外島東引服役，純係機率問題，無可怨尤，但他的母親總不免有愛子「發配」荒疆的感覺，拳拳[9]關切之情，可想而知，我則較重視子女成長中

[j] 詩人寫這首詩的當下，莫凡人在軍營，如何接住父親從五樓丟下來的紅夾克？如果不可能，為什麼他要這樣寫？他的心情是什麼？請從詩意想像去理解末段的情節安排。

[k] 從這一段的前後脈絡，請你推測「最後一片葉子」是什麼顏色？

所需自我學習和客觀環境磨練的過程。詩中的瑣瑣碎碎，看似不著邊際，卻道出一些親子之間非散文語言所能表達的隱密情愫。時值深秋，愁結難宣，且以詩作書，既寄情遠戍的親子，也寫自己蒼涼的老懷。

注釋

1 戍：防守邊疆，音「ㄕㄨˋ」。

2 綻落：綻開、落下之意。「綻」指衣縫脫線而裂開，音「ㄓㄢˋ」。

3 夕陽工業：逐漸沒落、衰退，而較難吸引投資的工業。

4 意象：將客觀物象透過創作者主觀的情感，創造出來的藝術形象。

5 自瀆：又稱自慰。「瀆」音「ㄉㄨˊ」。

6 作料：烹調食物的調味料，同「佐料」。「作」音「ㄗㄨㄛˊ」。

7 賸下：餘留下來的。「賸」通「剩」，音「ㄕㄥˋ」。

8 愀然：憂愁的樣子。「愀」音「ㄑㄧㄠˇ」。

9 拳拳：真摯誠懇。

超現實主義 Surrealism

超現實主義是一九二〇年至一九三〇年間，歐洲盛行的文化運動，他們致力於透過繪畫、文學、電影等藝術描繪潛意識世界。一九二四年，詩人布荷東發表〈超現實主義宣言〉，表明超現實主義是要將人類經驗中的意識與潛意識作緊密的結合，以融合夢幻世界與日常理性世界，共同進入一個絕對真實，以及超現實的世界。西班牙畫家達利和比利時畫家雷內・馬格利特都是代表人物。臺灣的現代詩則在一九三〇年代與一九五〇年代兩度引進「超現實主義」，本課作者洛夫所參與的「創世紀」詩人群便是第二波引進的重要團體。

雷內・馬格利特
René Magritte

人子（The Son of Man）
/ 1964
油畫（116cm×89cm）
私人收藏

達利
Salvador Dali

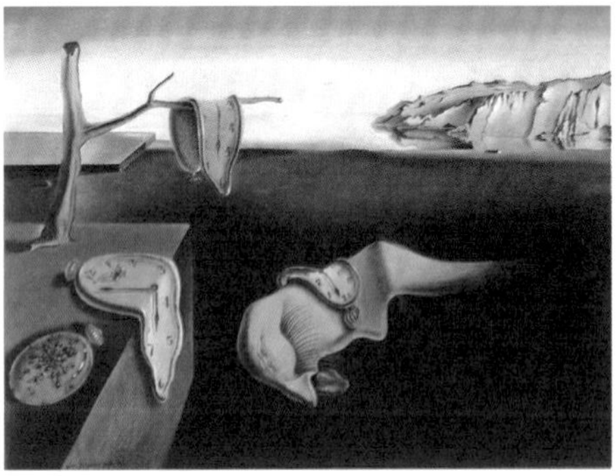

記憶的堅持（The Persistence of Memory）
/ 1931
油畫（24.1cm×33cm）
收藏於紐約現代藝術博物館（MoMA）

現代詩的「迴行」技巧

現代詩在押韻、行數的限制相對較少的情況下，形成了「迴行」此一現代詩獨特的形式特徵。「迴行」，指的是一個完整的句子被分割成兩行以上的分行手法，而亦可稱「跨行」。如此一來，行與行之間就能透過句意未盡的閱讀動力，產生藕斷絲連的效果。例如這樣一則簡短的留言便利貼：「我吃了放在冰箱裡的李子，它們可能是你留著準備當早餐吃的，請原諒我，它們太好吃，那麼甜，那麼冰。」美國詩人威廉斯（William Carlos Williams, 1883-1993）則把這個句子斷成好幾行：

我吃了
放在
冰箱裡的
李子
它們
可能是
你留著
準備當早餐吃的
請原諒我
它們太好吃
那麼甜
那麼冰

——〈便條〉

這裡，詩人使用的便是「迴行」的技巧。它脫離正常的語法結構，強化了詩中的張力：吃了別人的李子是違背道德的事，但又甜又涼的李子這樣的味覺享受很難抗拒。兩種潛台詞在行斷意續的詩行排列中，擦撞出超越世俗的現代詩意。

問題與討論

1 詩中有聲音的低沉與高亢，視覺的色彩、嗅覺與味覺的腥甜、觸覺的冷暖……。不同感官之間相互交錯，彼此打通，這種手法我們稱之為「通感」，是現代詩中常用的表現手法，又稱「感覺挪移」。請試著使用「通感」的概念，來解釋末段「秋涼－紅外套－落葉」的結構，並推想詩人想造成什麼樣的效果？你認為詩人藉由這樣的效果，表達了什麼樣的情意？

2 詩題中有一明顯的受話者──在東引島從軍的兒子莫凡。據了解，這首詩雖然是寫給莫凡，卻一直等到報紙刊登這首詩，作者才將剪報寄給他。為什麼作者不直接寄給受話者？如果你是洛夫，這麼做可能是基於什麼樣的心情呢？如果你是莫凡，收到這首詩的時候，又會有什麼樣的心情呢？

寫作練習：迴行

在BOX當中，我們說明了「迴行」的技巧。洛夫的〈寄遠戍東引的莫凡〉便大量使用了「迴行」。比如第十五行到第十八行的段落，他將「亦如我這以語字鎔鑄時間的人，汗水攪拌過的意象，一句也未發酵」這一句話寫成了四行：

亦如我這
以語字鎔鑄時間的人
汗水攪拌過的意象
一句也未發酵

讀者閱讀時，視覺上四行是分開的，但句義卻沒有斷開，便造成了三行之間藕斷絲連的效果，這就是「迴行」。

請你想像要寫信給心儀的對象，先用散文體寫下三句話，總長不超過六十個字。接著，請將這三句話分行成為新詩體，並且至少使用三次「迴行」的技巧。

延伸閱讀

文字

1 楊佳嫻主編，《臺灣成長小說選》增訂版，二魚文化，二〇一三。

2 洛夫，《魔歌》，目色文化，二〇一八。

3 林婉瑜、林蔚昀、潘家欣等著，《媽媽＋1：二十首絕望與希望的媽媽之歌》，二魚文化，二〇一八。

影視

1 王婉柔編導，《他們在島嶼寫作Ⅱ：無岸之河》，二〇一四年上映。

2 陳慧翎導演，《你的孩子不是你的孩子》電視劇，二〇一八年播出。

第三課　種花

題解

〈種花〉為散文作家王盛弘二〇一二年「林榮三文學獎」首獎作品。這篇散文以親情為主軸，並且融合了植物、鄉土與性別議題等多樣元素，具體而微地展現了王盛弘寫作的多元面貌。

全文以數種花卉貫串情節，形成前後對照的伏線。行文不斷切換「現在」與「過去」的場景，卻能顯得不紛亂，逐步帶出新的資訊，步調沉穩、文字節制而不濫情。在情節的推展過程裡，讀者慢慢被捲入作者所呈現的複雜家庭糾葛裡，敘事者與「六嬸」表面上平靜無波的互動，內裡都有深刻的情感波動。而到文章中段，作者更帶入了「伊」的角色，僅用非常精簡的篇幅就呈現了兩人的關係，並且進一步激化了可能的家庭危機。但也正在這樣的「考驗」之中，親情的強韌得以彰顯。

作家廖玉蕙評價〈種花〉「像張設色淺淡卻情味深長的水彩畫」，並讚揚此文：「簡單的話，模糊的影和母親潛藏的憂心，影影綽綽織就出深摯的母愛，文筆欲馳還斂，特別令人動容。」

作者

王盛弘（西元一九七〇年－），臺灣彰化人。輔仁大學大眾傳播學系畢業、國立臺北教育大學臺灣文化研究所肄業。為臺灣著名散文作家、文學編輯。現為《聯合報》副刊副主任。

就讀彰化高中期間即開始寫作，曾有八篇文章獲得「彰中文學獎」的紀錄。作品以散文為主，曾獲臺灣省文學獎、梁實秋文學獎、林榮三文學獎等十多項文學獎。著有散文集《一隻男人》、《慢慢走》、《花都開好了》、《大風吹：臺灣童年》、《關鍵字：臺北》、《十三座城市》等，寫作主題遍及旅行、植物、電影與社會議題，為青壯世代重要的散文作家之一。

王盛弘的文字看似流暢平易，實則底蘊深厚，能駕馭多種題材。散文家陳冠學認為他的作品「宛若遊龍，驅遣自如，論事析理，別有一番筆法」，學者張瑞芬亦評論道：「王盛弘曲風流暢，唱腔自信，在陽臺路邊的蓊鬱草木間，在居家患鼠的混亂裡，不慍不火的夾帶著幽默家常趣味。」

提問

春天遲到了，往年於清明前後即紛紛綻放的百合花，今年卻遲遲無有音信[1]，直等到五月天才轟地盛開。

百合長在菜畦[2]邊沿，初始只是一瓦盆雜[3]在隨意傾倒的土壤裡幾瓣殘碎鱗莖，菜畦裡甕菜[4]、芥蘭仔、花椰菜、小白菜……一年四時更替，倒是菜畦邊沿這叢百合六嬸任它蔓延，暗地裡坐大，數年後經過一個說是四十年來難有的寒冬，煙火爆發般一開上百朵，佇足[5]下風處數十公尺遙，周身盡皆浸沐於花香。

我誇六嬸汝[6]有一雙綠手指[7]。六嬸淡淡回應，啥物[8]綠手指？我啥攏[9]無做喔。語氣裡竟有一分無辜。生而不有，為而不恃，功成而弗居[10]。我嘻嘻笑告訴六嬸，汝有古早時代一个聖人講的「不居功」的美德。回答我的卻是，我是一

个粗魯人，汝講者个[11]，我聽無[12]啦。但嘴角有笑文文[13]，兒子誇她呢。[a]

六嬸是個粗人，一瓢水往下澆，盆裡的日日春百日草圓仔花，枝枝葉葉便往旁欹斜[14]，我跟在後頭一一扶正，嘴裡嘀咕著也毋較幼秀咧[15]。六嬸回答，哪有些个米國時間[16]，等一咧就企起[17]囉。也對，每天這些草花不都立得直挺挺地等著被澆水。六嬸隨手將水桶水瓢交付予我，一轉身進進出出又去行薛西佛斯[18]永無止盡的勞役。

這幾十年都是六嬸澆的水。大哥小弟對養花蒔草[19]了無興趣，我與六叔[b]賞花雖然挺在行，但是種花則如六嬸所說，干焦[20]出一隻喙[21]。我離鄉後，六嬸更要向誰叨念[22]去？

十八歲離開竹圍仔[23]，臨走，六叔沒有多作交代，只是

a 開場時，敘事者「我」稱呼經營這片菜園的人是「六嬸」。但在這段最後，「我」卻又說自己是兒子。在還沒往下讀的情況下，你猜兩人之間可能是怎樣的關係？

b 依照前述「六嬸」的邏輯，你覺得「六叔」是指敘事者「我」的誰？

說，你作什麼決定都好，但要能夠對自己負責。六嬸沉默，走進廳堂燃起三炷香，拜天地，拜觀世音菩薩，拜列祖列宗，香煙裊裊，兩唇一張一闔念念有辭，把話都說給神佛與祖先聽。我肩著行李邁進稻埕[24]、走出大門，六嬸才說，食乎飽，穿乎燒，想欲轉來就轉來。c

很少返家，返家時就坐電視機前看日本綜藝節目。看一家幾代人住幾十年的老房子變得礙手礙腳，拆卸時敲敲打打，工人徒手一掀摧枯拉朽般一張天花板便給揭了開去，漫天塵灰與灰塵；看年輕工匠攬著美麗妻子可愛兒女的祝福，志得意滿登上擂臺，不料不旋踵[25]即遭淘汰，妻子兒女難掩錯愕卻仍安慰多桑[26]是最棒的，女兒為他戴上親手編織的桂冠[27]……d

c 從這段描寫敘事者「我」離家場景的文字來看，「六叔」和「六嬸」關心的重點有何不同？你覺得作者的重點是放在哪個人身上？為什麼？

d 在這一段中，作者舉了兩個日本綜藝節目的例子，它們的共通點是什麼？作者透過它們，想表達的意思可能是什麼？

六嬸退到邊間，音響開得細細地看本土劇，我湊過去[e]張望，不一會兒她便找個藉口起身去照看鍋裡飯菜、浴間待洗衣物，乃至於棲在欄柵裡的雞鴨，為的是將遙控器交給我。

其實我只是想與她靠近些，也許讓她摩摩我的髮，對我說有白頭毛啊，想袂到[28]來得遮爾緊[29]。我是直到上了高中還偶爾讓六嬸幫我洗頭。頭髮打濕，半包566洗髮粉在手心底搓出泡沫，六嬸邊洗邊說，頭毛烏黰黰[30]，後擺較緊白[31]。以為以後是很久很久的以後，我沒放心上，讓六嬸身上發散出的彎彎浴皂寧馨香味哄得眼皮微闔快要睏去了[32]。最後舀水一瓢瓢自頭頂澆下，流入耳孔[33]囉我出聲埋怨，帶著一種親暱[34]——那些花啊草啊被大剌剌地澆彎了枝葉時，也是這

[e] 同樣是看電視，六嬸為什麼特別要「退到邊間」、「音響開得細細的」？這些動作背後的心思是什麼？

款感受嗎？

有時和六嬸作伙[35]看新聞。

上臺北那年夏天，五二〇[36]，農民走上街頭訴願，與軍警爆發激烈衝突，雞蛋、棍棒、拒馬、鐵蒺藜[37]、催淚彈、汽油彈，叫囂，扭打，廝鬥，火光熊熊看傻了螢光幕前的我和六叔六嬸。街頭運動那些年以燎原之勢蔓延，六嬸不諳[38]普通話，我以普通話、臺語交雜扼要說明：睏佇路頭些个[39]人，是抗議厝賣得太貴，蹛[40]袂起，就親像[41]蝸牛無殼[42]；坐佇[43]喇叭花邊仔[44]者个學生囝仔毋願食飯[45]，要求解散國民大會；密密親像蚼蟻[46]些个俍[47]擧著標語旗仔，是爭取咱老百姓嘛會使[48]直接投票選總統……

看著聽著，六嬸憂心忡忡說，汝佇臺北，毋通參人烏白來[49]。好像當我童少，信口批評哪個政府官員不好，或以蔣總統當題材開玩笑，六嬸出言制止：毋通烏白講。若是晚上，她會順手將門扉闔上。

很少向六嬸提及臺北的生活，總說無代誌[50]、攏好，偶爾找些小事抱怨以呼應真實人生的粗糙真相。電話裡說的都是天氣：夏天說臺北足熱[51]咧，六嬸回我彰化小可[52]；冬天說寒死囉，六嬸說汝暗時[53]愛蓋較燒咧[54]；雨天問彰化有落雨無，晴天說出日頭[55]囉。然後我問好否有代誌否，六嬸加倍回我攏好攏好、無代誌無代誌。

早些年在學校讀書、初出社會，六嬸還會提醒我吃飽一點穿暖一些，工作多年後她也不說了，大概知道我不會虧待自己，反倒偶爾叮囑，較儉咧，存一點娶某本[56]。我喔

在這兩段，「我」向「六嬸」解釋社會運動的細節。你能否從這些文字當中，推測兩人對社會運動、政治議題的態度？請說明你是從哪裡看出來的。

喔幾聲敷衍過去。一通電話一分鐘講完，她不逼問什麼，我也不說。

怎麼說呢？怎麼能說呢？我和伊的事。

倒是常對伊提起六嬸，說六嬸喜歡大理花，也喜歡細葉雪茄。伊不識花草，我解釋，大理花花瓣宛如絲絨，花形團圓一派喜氣；細葉雪茄植株低矮，葉細花小，十分謙遜的模樣。大概六嬸也並無特別偏愛，只是偶然聽她誇過，我便覺得大理花是母親的花，細葉雪茄也是母親的花，日後不管走到哪兒，看到母親的花便格外感覺到親切，內心因此而柔軟。

伊坐電腦桌前上網查花典。平日裡伊常把什麼火象風象掛在嘴上，朋友初識總要探問星座當談話頭，很容易與

上一段六嬸提到「娶某本」，下一段接著的是「怎麼能說呢？我和伊的事」，在還沒往下讀以前，你猜「我」和「伊」之間是什麼關係？為什麼不能告訴六嬸？猜完之後，請繼續往下讀，印證你的猜測是否正確。

人打成一片。這時伊告訴我，大理花的花語是華麗、優雅，細葉雪茄的花語查不到耶，就用你的話說是「謙遜」好了，這麼說來，六嬸的個性很衝突喔，既華麗又謙遜，是嗎？

你說什麼啊傻蛋，我輕拍伊的後腦勺，一個物件對應一個事件，一個象徵對應一個命運，工工整整，這是作文不是人生。伊沒跟我分辯，沉默，我自身後環抱，在伊耳邊輕語，想什麼？伊回答，我想認識你母親，你的家人。

六嬸就是我的母親。

我叫母親六嬸、叫父親六叔，現在是很可以輕易對人提起，與兄弟對話，若用的是母語，仍稱六嬸六叔，若出之以普通話，則改口媽媽。但有很長一段時期，這是內心底一個難以對旁人展示的瘀傷。媽媽、老母、卡桑58……明明有很多選擇啊，為什麼我用了一個難以啟齒的稱呼？如果對人說起，則是以祕密交換祕密、友誼交換友誼，打勾勾、蓋手印，噓，不能說出去喔。

小孩是最天真無邪卻也殘忍不知道底線。曾與同學拌嘴，對方終於不跟我對話，而把聲音向四界放送——他是個沒有媽媽的小孩，他只有六嬸，他沒有媽媽。我感覺受辱，掩耳不願聽。

經過了許多年許多事，有一天突然意識到，於我，這一切都雲淡風輕了。伊回我，本來嘛，虧你還是個讀書人，那句話是怎麼說的？玫瑰，嗯，對了，玫瑰如果不叫玫瑰，它還是一樣芬芳。伊用蹩腳臺語窘[59]我，冊攏讀到尻脊骿去囉[60]。

延續提問a，作者沒有說明家裡發生了什麼情況，使他必須以「六嬸」稱呼母親，僅留下迂迴的暗示。你能否從最近三段當中，提出幾種可能猜測？並說明猜測理由。

人家怎麼說你就怎麼信啊？我存心與伊鬥嘴，「你們的名字對你們亦然／你是否真的以為它不過是兩三個音節／此外即無意義？」沒聽過惠特曼這幾句詩嗎？屁精[61]、玻璃、兔子、娘炮、半陰陽……長久以來我們所要對抗的，不就是這些汙名？

所以我們走上街頭，亮相於光天化日之下，從世紀初四、五百人自公司（臺北新公園）走向西門紅樓，到新世紀第二個十年伊始，四、五萬人集結於凱達格蘭大道，最高國家機器前耍妖作怪。我們走過公園路，走過中華路，走過仁愛路，走過信義路，走過忠孝東路，走過敦化北路……走進人們狐疑的眼光，鄙夷的眼光，理解的眼光，溫情的眼光，這是一場最富創意街頭運動，裝扮扮裝，七彩繽紛，

愛、笑容與擁抱，宛如嘉年華。[i]

六嬸，我佇臺北無烏白來喔。是六叔給我的臨別贈言，為自己的決定負責，為自己的命運負責。性向從來不單是自己一個人的事，連通管一般它與整個族群互通聲息。

那，你會跟你的母親說你是嗎？伊問。我沉吟片刻，搖搖頭。難保不會我出櫃了，[62]卻讓六嬸關進櫃子裡。[j]和更年輕一代往往無所畏懼不一樣，我自己花了多少時間才接納自己，不敢奢求旁人無條件的愛，即使她是我的母親。伊又問，你不會感到遺憾嗎？遺憾啊——人生嘛，沒有一點遺憾的就不叫做人生，失去的與得到的，加加總總若還能是正數，就不能說老天虧待了。

其實不管你有沒有說，做媽媽的全都知道喔。伊說。

i 從這段文字提供的線索來看，「我們」為什麼會走上街頭？他們參與的是哪種議題的社會運動？

j 敘事者「我」具有同志身分，因此有「出櫃」的掙扎。但六嬸並非同志，為什麼「我」還會說「難保不會我出櫃了，卻讓六嬸關進櫃子裡」？如果「關進櫃子」意味著「受到社會限制，不能說出真心話」，你覺得六嬸不能說出的真心話會是什麼？

有一年除夕，我終於帶伊回竹圍仔。伊敢毋免圍爐[63]？六嬸問。我編了個謊言：昨暗[64]小年夜圍過囉，講想欲來咱下港[65]，就佮[66]我作伙落來。六嬸嘀咕，過年無參厝內人作伙，安呢敢好[67]？又自言自語，咱彰化有啥好耍的[68]？心裡思忖[69]著，轉身去貼春聯，一會兒後對我說，汝會使帶伊去八卦山行行咧，看大佛、食肉圓，抑是[70]去鹿港拜拜，龍山寺、媽祖宮攏好。

飯桌上六嬸勸飯勸菜，食雞起家，食魚年年有餘，幫伊夾得一碗山尖。我說吃不下就放著吧，伊卻滿臉笑地吃完它，那種滿足的神態好像馬上可以再來一頓。飯後六叔六嬸發壓歲錢，也各給伊準備了一份，伊推辭，我說收下吧，還沒娶老婆的都是小孩。六嬸移開目光，低下頭去壓

「伊」為什麼這麼認真吃完過量的食物？你覺得「伊」在「我」家裡面時，可能是怎樣的心情？

平紅包袋上的摺痕，把話說得很淡很淡好像只是不經意隨口提起，六嬸說，汝啥時陣[71]欲娶某？

翌年除夕，伊又隨我返鄉。大年初一清晨，稻埕裡有人說話，我起身，隔著窗玻璃看見伊提著水桶跟在六嬸身後，六嬸正一瓢瓢地為花草澆水。伊好慇懃[72]問六嬸這是什麼花。六嬸說，我嘛毋知，我攏叫伊刺仔花。那是麒麟花，一身刺。這又是什麼？六嬸說，這是芳花。那是樹蘭，花小如芝麻，香氣馥郁。這呢？伊繼續問。六嬸大起膽子回答，之是[73]大紅花。那是大理花，幾朵圓團團、紅豔豔的花朵正掛在枝梢呢。看來叫什麼名字，有時候真的並不那麼重要。

後來兩人停步在一盆細葉雪茄前，伊還未開口，六嬸

在「我」提到娶老婆的話題之後，六嬸為什麼會有那些反應？你認為做出那些動作的六嬸，心裡可能正在想什麼？

「六嬸」和「我」所理解的花名完全不同，卻都是指同一種花。在前面的段落中，也有一處提到「名字」和「本質」的問題，前後對照來看，你覺得作者在這裡安排這個情節，想要表達的意思可能是什麼？

搶先說了，之我毋知喔。伊說，我知我知，這叫細葉雪茄，細是細小的細，葉子的葉，雪茄啊，嗯——伊做出抽菸的動作。窗後的我噗哧一笑，看見六嬸也笑了，伊也笑了。我們三人都笑了。六嬸說，汝哪會知影？用的是問句，而其實僅僅只是誇伊懂得多，那傻蛋卻用手指比比我的房間，伊教的。

隔一年，只剩我孤伶伶一個人回竹圍仔，行李裡有支水壺，白鐵材質，圓柱體，壺嘴細長如吸管，造型簡約俐落，現代感十足。我將水壺交給六嬸，說是前兩年來家裡過年的朋友從日本買回來送她的。六嬸接過水壺，說，遮爾幼秀我哪會曉用。又說，伊今年哪會無佮汝轉來？我連說謊的力氣都無，只回說伊無閒。六嬸上上下下看了看手

74

「請回到前面的段落，上一次提到「細葉雪茄」是什麼時候？此刻安排這個情節，你覺得有什麼樣的效果？

中的水壺，抬起臉來看著我，對我說，汝愛對伊較好些。這句話，六嬸在心上琢磨多久才說得出口？我卻背對著她，任她自己一個人去面對。

我喔了一聲表示聽到了，裝作若無其事走進稻埕，蹲到菜畦邊沿。地面有一道道微微破裂的痕跡，百合新芽自地底深處萌發，頂著的泥土又乾又硬，倒像是被壓制住而非即將冒出頭。我不經心地，信手掰去一片片泥土，一不小心便弄傷了芽眼，留下一個個潮濕的傷口。

身後響起輕輕腳步聲，緊接著人影子靠近，似有遲疑。也不知因為情傷或更多地，六嬸的理解，我的眼眶蓄著兩泡淚水，愈發將一張臉埋在雙膝之間。人影子稍作停佇，隨即掉轉頭悄聲離開。是六嬸嗎？面對這些掙扎著要冒出

從這一段中，你認為「我」和「伊」之間的關係是什麼狀態？你覺得六嬸猜到了嗎？為什麼？

我們在第一冊第六課的「寫作練習」中，談過「寓情於景」的寫作手法。請用此一手法解釋這一段，作者想要表達的是什麼？

地面的新芽，六嬸會怎麼做？

良久良久，日頭曬得我脊背隱隱發疼。我聽見遠遠地六嬸自裡屋喊我，去把手洗一洗，來幫我貼春聯，毋識字，寫啥物我攏看無。

綜觀整篇文章，你會如何描述「六嬸」的個性？她表達情感的模式是什麼？

注釋

1 音信：消息，在此指開花。

2 菜畦：菜園。「畦」音「ㄑㄧˊ」。

3 雜：動詞，在此指不同類的植物混在一起。

4 蕹菜：即空心菜。「蕹」音「ㄨㄥˋ」。

5 佇足：停下腳步。「佇」音「ㄓㄨˋ」。

6 汝：你。在此為臺語詞彙，音讀作「lí」。

7 綠手指：形容人擅長園藝，來自西方諺語「green thumb」。

8 啥物：什麼。在此為臺語詞彙，音讀作「siánn-mih」。

9 攏：都。在此為臺語詞彙，音讀作「lóng」。

10 生而不有，為而不恃，功成而弗居：出自老子《道德經》，在此形容六嬸謙虛、不居功。

11 汝講者个：你講的這些。在此為臺語短句，音讀作「lí kóng tsia—ê」。

12 聽無：聽不懂。在此為臺語詞彙，音讀作「thiann-bô」。

13 笑文文：淺淺的微笑。在此為臺語詞彙，音讀作「tshiò-bûn-bûn」。

14 欹斜：歪倒、傾斜。「欹」音「ㄧ」。

15 也毋較幼秀咧：也不溫柔一點。在此為臺語短句，音讀作「iā m̄ khah iù-siù ê」。

16 米國時間：指多餘的時間。在此為臺語詞彙，音讀作「bí-kok sî-kan」。

17 企起：挺直、站起來。在此為臺語短句，音讀作「khiā-khí」。

18 薛西佛斯：意指不斷重複、沒有盡頭的作為。典故出自希臘神話，薛西佛斯因為欺騙冥王哈得斯而受到懲罰，必須每天將巨石推上山頂。將到山頂之時，巨石就會自動從他手中滑脫，因此這個懲罰永無止盡。

19 養花蒔草：種植花草、從事園藝。「蒔」意為「種植」，音「ㄕˊ」。

20 干焦：只有、僅僅。在此為臺語詞彙，音讀作「kan-na」。

21 喙：嘴。音讀作「tshuì」。

22 叨念：不停喃喃自語。「叨」音「ㄉㄠ」。

23 竹圍仔：地名，在彰化縣和美鎮。

24 稻埕：曬稻米的庭院。「埕」意為庭院，音「ㄔㄥˊ」。

25 旋踵：一轉腳，形容極短的時間。「踵」意為「腳踝」，音「ㄓㄨㄥˇ」。

26 多桑：父親。日語移入臺語之詞彙，音讀作「tóo-sàng」。

27 桂冠：用月桂葉編成的環狀頭飾，古希臘人用來贈予傑出的詩人和運動員。後來成為光榮、榮耀的象徵。

28 想袂到：意外、意想不到。「袂」即「不」，否定詞。在此為臺語短句，音讀作「sióng-bē-kàu」。

29 遮爾緊：這麼快。在此為臺語短句，音讀作「tsiah-nī kín」。

30 烏黗黗：烏溜溜，形容頭髮烏黑亮麗有彈性。在此為臺語詞彙，音讀作「oo-sìm-sìm」。

31 後擺較緊白：以後白的比較快。在此為臺語短句，音讀作「āu-pái khah kín peh」。

32 睏：睡，在此為臺語詞彙，作動詞用。音讀作「khùn」。

33 耳孔：耳朵。在此為臺語詞彙，音讀作「hīnn-khang」。

34 親暱：親密。「暱」音「ㄋㄧˋ」。

35 作伙：一起。在此為臺語詞彙，音讀作「tsò-hué」。

36 五二〇：指「五二〇農運」，為一九八八年五月二十日發生的社會運動，抗議政府擴大農產品進口。這也是臺灣解嚴後，首次爆發激烈警民衝突的社會運動。

37 鐵蒺藜：一種防禦性武器，四角分叉，置於地上時其中一角自然向上，用以阻礙人車通過。「蒺藜」原指一種植物，音「ㄐㄧˊ ㄌㄧˊ」。

38 不諳：不熟悉、不擅長。「諳」音「ㄢ」。

39 些个：那些。在此為臺語詞彙，音讀作「hai—ê」。

40 蹛：住。在此為臺語詞彙，音讀作「tuà」。

41 親像：好像。在此為臺語詞彙，音讀作「tshin-tshiūnn」。

42 蝸牛無殼：指「無殼蝸牛運動」，為一九八九年八月二十六日發生的社會運動，抗議臺灣地價與房價高漲造成貧富不均、人民買不起房子。

43 佇：指在某個地方，在此為臺語詞彙，與注釋5意義不同。音讀作「tī」。

44 邊仔：旁邊。在此為臺語詞彙，音讀作「pinn-á」。

45 食：吃。在此為臺語詞彙，音讀作「tsia̍h」。

46 蚼蟻：螞蟻。在此為臺語詞彙，音讀作「káu-hiā」。

47 儂：人。在此為臺語詞彙，音讀作「lâng」。

48 嘛會使：也可以。在此為臺語短句，音讀作「mā ē-sái」。

49 毋通參人烏白來：不要跟著別人胡鬧。「參」即「跟著、和」。在此為臺語短句，音讀作「m̄-thang tsham lâng oo-pe̍h lâi」。

50 無代誌：沒什麼事情。在此為臺語短句，音讀作「bô tāi-tsì」。

51 足熱：很熱。在此為臺語短句，音讀作「tsiok jua̍h」。

52 小可：有一點。在此為臺語詞彙，音讀作「sió-khuá」。

53 暗時：晚上。在此為臺語詞彙，音讀作「àm-sî」。

54 愛蓋較燒咧：指（睡覺的時候）要蓋得比較保暖一點。在此為臺語短句，音讀作「ài kah khah sio--leh」。

55 出日頭：出太陽。在此為臺語短句，音讀作「tshut ji̍t-thâu」。

56 娶某本：為了結婚而預存的錢。在此為臺語詞彙，音讀作「tshuā-bóo pún」。

57 伊：他。在此為臺語詞彙，音讀作「i」。

58 卡桑：母親。日語移入臺語之詞彙，音讀作「khà-sàng」。

59 䆀：嘲笑、調笑，在此為動詞。

60 冊攏讀到尻脊骿去囉：書都讀到背後去囉，意指「書讀那麼多，怎麼會搞不懂這個道理呢」。在此為臺語短句，音讀作「tsheh lóng tha̍k kàu kha-tsiah-phiann-looh」。

61 屁精：對男同志的蔑稱，以下「玻璃、兔子、娘炮、半陰陽」亦同。為歧視性用語，現代應避免使用。

62 出櫃：指同志不再隱藏，公開自己的性傾向。

63 伊敢毋免圍爐：他不用吃年夜飯嗎？在此為臺語詞彙，音讀作「i kám m̄-bián uî-lôo」。

64 昨暗：昨天晚上。在此為臺語詞彙，音讀作「tsa-àm」。

65 下港：泛稱臺灣南部。在此為臺語詞彙，音讀作「ē-káng」。

66 佮：跟。在此為臺語詞彙，音讀作「kah」。

67 安呢敢好：這樣好嗎？在此為臺語短句，音讀作「án-ne kám hó」。

68 有啥好耍的：有什麼好玩的。在此為臺語短句，音讀作「ū siánn hó-sńg ê」。

69 忖：暗自思考，音「ㄘㄨㄣˇ」。

70 抑是：或者。在此為臺語詞彙，音讀作「iah-sī」。

71 啥時陣：什麼時候。在此為臺語詞彙，音讀作「siánn sî-tsūn」。

72 慇懃：情意懇切、周到。

73 之是：這個是。在此為臺語詞彙，音讀作「tse sī」。

74 遮爾幼秀我哪會曉用：這麼輕巧細緻我哪會知道怎麼使用。在此為臺語短句，音讀作「Tsiah-nī iù-siù guá ná ē-hiáu īng」。

問題與討論

1 本文出現的主要角色有哪幾人？請畫出一個角色關係圖，說明每個角色之間的關係。

2 如果你是報紙編輯，這篇文章要由你負責編排，你必須將這篇文章分成數個小節，你覺得它適合分成幾個小節？在哪裡分節？為什麼你會決定這樣分？

3 不同世代的人，對於參與社會議題可能會有不同的看法。你是否有長輩一起討論社會議題的時候？在你的經驗裡，你和他們有什麼相同與不同之處？

寫作練習：淡出式結尾

文章的結尾方式有很多種，其中一種常用於抒情文的結尾手法，可以稱之為「淡出式結尾」。這種結尾的方法，在結尾時描寫一個動作、一個場景，但不明說這個動作或場景背後的情緒是什麼，只讓讀者透過畫面去感受。由於不明說，所以留下了讀者體會、思考的空間，如此便可以產生一種「餘韻繞樑」的效果。在本課〈種花〉的結尾，「六嬸」看到蹲在地上哭的兒子，一句話都沒有說就離開，過了好一陣子才召喚兒子幫忙貼春聯，就是典型的「淡出式結尾」。作者沒有明說六嬸為什麼會有這些動作，但讀者自然能夠感受到，那是母親溫柔不打擾的、清淡悠遠的關心。

請想像有個人即將與你分離的場景，以兩百字以內的篇幅，描述對方的動作。你可以任意設定對方跟你的關係，以此來想像對方會有什麼動作，但不能在這兩百字裡面明確說出對方心裡的想法。

延伸閱讀

文字

1 下山一自述，下山操子譯寫，《流轉家族：泰雅公主媽媽、日本警察爸爸和我的故事》，遠流，二〇一一。
2 井上靖著，吳繼文譯，《我的母親手記》，無限出版，二〇一三。
3 佐野洋子著，陳系美譯，《靜子》，無限出版，二〇一四。
4 林蔚昀，《我媽媽的寄生蟲》，木馬文化，二〇一六。
5 蘇美，《文藝女青年這種病，生個孩子就好了》，小貓流文化，二〇一六。
6 平路，《袒露的心》，時報出版，二〇一七。
7 鍾文音，《捨不得不見妳：女兒與母親，世上最長的分手距離》，大田，二〇一七。
8 廖梅璇，《當我參加她外公的追思禮拜》，寶瓶文化，二〇一七。

影視

1 王穎導演，《喜福會》（The Joy Luck Club），一九九三年上映。
2 馬克．華特斯導演，《辣媽辣妹》（Freaky Friday），二〇〇三年上映。
3 克林．伊斯威特導演，《陌生的孩子》（Changeling），二〇〇八年上映。
4 中島哲也導演，《告白》（Confessions），二〇一〇年上映。
5 蓋瑞．馬歇爾導演，《幸福百分百》（Mother's Day），二〇一六年上映。

音樂

1 黃乙玲演唱，〈無字的情批〉，收錄於《無字的情批》，一九九九年發行。

第二單元

友情

一件你的老師可能沒告訴過你的事：你從小到大遇過的所有老師，都受過教育心理學的訓練。也就是說，他們都曾在學生時代研究過學生的心理狀態。而所有心理學課本都會提到，幼年時期的人類最信任的是家人，言必稱「我爸爸說／我媽媽說」；到了你現在所處的青少年時期，最信任的對象就變成朋友了——長輩叮囑千百句，常常抵不上你同學的一句話。因此，在上個單元「親情」之後，我們便順著這種心理發展歷程，要來談談「友情」了。

朋友與家人不同，人無法決定自己出生在哪個家庭，卻能夠選擇誰是自己的朋友。（就算在社交場合，有時你得口是心非，但你心裡總是會有真心想親近的人選的）於是，以「友情」為主題的文學作品，往往就不只是在描寫朋友，我們也可以從文章中讀到作者自己的氣質或想法。作者選擇什麼樣的人當朋友？選擇的原因是什麼？他們一起經歷了哪些事？在這段友情中，他們共同追求的是哪些事？在這個單元裡，我們將從一封寫給朋友的信以及一篇追憶亡友的回憶錄，來談談這個話題。

首先，我們要來讀白居易的〈與元微之書〉。這是白居易寫給好朋友元稹的信，信中表達了兩人濃烈的友情。由於中國古代的交通條件艱困，加上兩人又是被貶謫的身分，不能隨意離開任職的區域，因此這封信是在完全無法見面、甚至此生都可能再也見不到的情況下寫的。除了兩人的處境值得注意之外，他們也有共同的過去：他們曾經一起發起了「新樂府」的文學運動，也一起在政治上遭到挫敗。在閱讀這封信時，這些過去都是重要的背景——友情正是在「我們一起做過些什麼」當中建立起來的。你或許不會參與文學運動、被貶官，但你也可以用自己的經驗來想像這種共同感。

接著，我們要讀的是聶華苓的散文〈愛情・鮮花・夢想的莊園——殷海光〉。這篇文章與白居易不同，〈與元微之書〉是朋友之間的談心，聶華苓這篇則是在朋友去世之後，為他留下一份追憶和紀錄。因此，為了要把殷海光介紹給不認識他的讀者，作者像是攝影機一樣，用文字「播放」了許多回憶的場景。透過這種冷靜的視角，聶華苓不只呈現了殷海光與家人的友情，也折射出聶、殷兩人共同面對的肅殺政治環境。

此時，你的高中生活已經超過半年了。也許你慢熱，還沒有太多朋友；也許你快熟，已與周遭的人有非常密切的往來。每個人的風格與際遇不同，這沒有什麼標準答案，但不管你的步調如何，都可以和文學作品一起思考你自己的生活。正如同我們前面提到的：這一切都取決於你的選擇。

第四課　與元微之書

題　解

〈與元微之書〉是白居易寫給摯友元稹的一封信。「元微之」即元稹（西元七七九年－西元八三一年），字微之，唐代河南人，中唐著名詩人。「書」是古代文類的名稱，指一般往來的信件。

西元八一五年，白居易因批評時政、得罪權貴，被貶為江州（今中國江西省九江市）司馬，當時元稹亦被貶為通州（今中國四川省達縣）司馬。平生知交同遭貶謫，欲相互勸慰卻不容易：一來二人相隔超過千里，二來貶謫期間不得擅自遠行，三來當時遠距書信往返動輒數十日。種種原因，使得二人數年不能相見，僅能遙傳書信聯繫，〈與元微之書〉即為其中一封信。

白居易在信中以詩文夾雜的方式，融入了元稹的詩與自己的詩，凝鍊地傳達了思念之情。中段自述江州生活之「三泰」以寬慰好友，並呈現貶謫中的自處之道。全文多次呼告「微之，微之」，在平易流暢的行文之中寄寓淒涼滄桑，呈現出白居易中年的感傷心境。

作者

白居易（西元七七二年—西元八四六年），字樂天，唐代太原（今中國山西省太原市）人。為中唐著名詩人，詩文多收於元稹彙編之《白氏長慶集》。

白居易志在兼濟天下，首重文學的政治教化功能，主張「文章合為時而著，歌詩合為事而作」。散文方面，他早年積極寫作議論散文，評析政弊，文字平易流暢，文名不遜於推行古文運動的韓愈。詩歌方面，早年與摯友元稹共同創作「新樂府」等諷諭詩，時人並稱「元白」。他自述「非求宮律高，不務文字奇，惟歌生民病，願得天子知」，文字平淺通俗、老嫗能解，內容貼近人民生活、反映社會問題，以「補察時政，洩導人情」為目標。「新樂府」運動上承《詩經》與杜甫的樂府詩，同時呼應中唐「古文運動」，進而啟發了宋代詩歌，文學地位十分重要。中晚年因言獲罪，仕途受挫，早年的壯志日漸消沉，詩文亦轉向感傷與閒適。晚年虔信佛教，閒居洛陽以終老，自號香山居士、醉吟先生。

唐宣宗〈弔白居易〉寫道：「童子解吟長恨曲，胡兒能唱琵琶篇。」可知白居易詩作於中唐極為盛行。隨著唐文化外傳，白居易至今仍以長篇抒情敘事詩〈長恨歌〉、〈琵琶行〉等作品聞名日本、南韓等國，對東亞文化影響甚深。

四月十日夜，樂天白[1]：

微之，微之，不見足下面已三年矣[2]；不得足下書欲二[3]年矣。人生幾何，離闊如此！況以膠漆之心[4]，置於胡越之身[5]，進不得相合，退不能相忘，牽攣乖隔[6]，各欲白首。微之，微之，如何！如何！天實為之，謂之奈何！[a]

僕[7]初到潯陽時，有熊孺登來[8]，得足下前年病甚時一札[9]，上報疾狀，次敘病心，終論平生交分[10]。且云：「危惙[11]之際，不暇及他，惟收數帙[12]文章，封題[13]其上，曰：『他日送達白二十二郎[14]，便請以代書。』」悲哉！微之於我也，其若是乎！[b] 又睹所寄聞僕左降[15]詩，云：「殘燈無焰影幢幢[16]，此夕聞君謫九江。垂死病中驚坐起，暗風吹雨入寒窗。」[c] 此句他

提問

[a] 白居易和元稹之間有如「膠漆之心」的親密情誼，卻有三年不見、二年沒通信。請參照「題解」，試分析原因可能有哪些？如果他們生在當代，可能會有什麼不同？

[b] 假如在你人生的最後時刻，你要把所有的帳號密碼、以及平生最重要的作品交託給一個人，你會交託給誰？為什麼？再回來思考文中「危惙之際，……便請以代書」這段文字，你覺得元稹和白居易有什麼樣的情誼？又，白居易發出「悲哉」的感嘆，你覺得原因可能有哪些？

人尚不可聞，況僕心哉！至今每吟，猶惻惻耳[17]。d 且置是事，略敘近懷。

僕自到九江，已涉[18]三載，形骸且健，方寸[19]甚安。下至家人，幸皆無恙。長兄去夏自徐州至，又有諸院孤小弟妹[20]六、七人，提挈[21]同來。昔所牽念者，今悉置在目前，得同寒暖飢飽。此一泰[22]也。e

江州風候[23]稍涼，地少瘴癘[24]，乃至蛇虺蚊蚋[25]，雖有甚稀。湓[26]魚頗肥，江酒[27]極美，其餘食物，多類北地。僕門內之口雖不少，司馬[28]之俸雖不多，量入儉用，亦可自給，身衣口食，且免求人。此二泰也。

僕去年秋始遊廬山，到東西二林[29]間香爐峰下，見雲水

c
請閱讀此詩。依照前後文，為什麼元稹會在「垂死病中驚坐起」？你覺得元稹透過「殘燈無焰影幢幢」和「暗風吹雨入寒窗」這兩個畫面，想要表達什麼樣的生命狀態？

d
為什麼白居易說「此句他人尚不可聞」？又為什麼接著說「況僕心哉」？請你把「此句他人尚不可聞，況僕心哉」翻成白話文，用合適的語氣再說一次。

e
依據心理學家馬斯洛的需求層次理論，人普遍具有下列由低到高層次的需求：生理需求，安全需求，愛與歸屬的需求，自尊需求，自我實現的需求。請你接著觀察白居易在江州的「三泰」，分別滿足了、以及尚未滿足到他哪些層次的需求？請參照「作者」，你認為這樣的生活是否

泉石，勝絕第一，愛不能捨，因置草堂。[30]前有喬松十數株，修竹千餘竿；青蘿為牆垣，白石為橋道；流水周於舍下，飛泉落於簷間；紅榴白蓮，羅生池砌[31]；大抵若是，不能殫記[32]。[f]每一獨往，動彌旬日[33]，平生所好者，盡在其中，不惟忘歸，可以終老。此三泰也。[g][h]

計足下久不得僕書，必加憂望；今故錄三泰，以先奉報。其餘事況，條寫如後云云[34]。

微之，微之，作此書夜，正在草堂中，山窗下，信手把筆，隨意亂書，[i]封題之時，不覺欲曙。舉頭但見山僧一兩人，或坐或睡；又聞山猿谷鳥，哀鳴啾啾。平生故人，去我萬里。瞥然塵念[35]，此際暫生[36]。餘習[37]所牽，便成三韻[38]云：

符合白居易的人生志向？為什麼？

f 請將「前有喬松十數株，……羅生池砌」這幾句翻譯成白話文，並比較翻譯與原文帶給你的感覺有何不同？為什麼白居易要用排比句式來描寫這些景物？

g 從「三泰」段落中，你能否推估白居易的經濟狀況如何？假設換算成現代社會，你覺得他的月收入大概是屬於哪個等級的？這與你過去想像的「貶謫生活」是否有所不同？

h 依本課作者欄所述，再看「平生所好者，盡在其中，不惟忘歸，可以終老」，你覺得白居易說的是事實嗎？為什麼？

i 假如你的摯友在多年來的第一封信中寫道自己是「信手把

「憶昔封書與君夜，金鑾殿[39]後欲明天[40]。今夜封書在何處？廬山庵裏曉燈前。籠鳥檻猿[41]俱未死，人間相見是何年？」

微之，微之！此夕此心，君知之乎！

樂天　頓首[42]

筆，隨意亂書」，你會怎麼解讀這句話？讀完全文，再回來思考文中「信手把筆，隨意亂書」這段文字，你覺得白居易說的是事實嗎？為什麼？

請閱讀此詩。先看前四句：「昔封書」與「今夜封書」的情境有何異同？白居易為什麼將這兩個情境並置？再看全詩：全詩中描寫過去、現在、未來的詩句，分別是哪幾句？白居易以怎樣的心態看待這三個時期？你覺得白居易所說的「暫然塵念」是指什麼、跟此詩有何關聯？

注釋

1 白：陳述、說話。
2 足下：古時下對上、或對同輩相稱的敬辭，即「您」之意。
3 欲：將要。
4 膠漆之心：有如膠和漆一般，緊黏、親密的心。膠漆，古代將膠和漆混合、製為塗料，故並稱。
5 胡越之身：比喻雙方距離遙遠，有如北方的「胡」和南方的「越」一般。
6 牽攣乖隔：心緊密連結，身卻彼此隔離。「攣」指牽繫、聯繫，音「ㄌㄨㄢˊ」。「乖」指「分離」。
7 僕：自謙之詞。
8 熊孺登：唐代詩人，與白居易、元稹為友，有詩贈答。
9 札：古時用以寫字的小木片。此指書信。
10 交分：交誼、情分。「分」音「ㄈㄣˋ」。
11 危惙：病危、病重將死。「惙」音「ㄔㄨㄛˋ」。
12 帙：本指書、畫的封套。此為量詞，為計算書籍的單位。音「ㄓˋ」。
13 封題：封上信封、寫上收件人的姓名。
14 白二十二郎：唐代流行以排行稱呼，白居易在堂兄弟中排行第二十二，故稱之。「郎」為對男子的敬稱。
15 左降：降職、貶官，又稱「左遷」。古代卷軸由右至左書寫，因此大官的職稱在右，小官的職稱在左，故若此人之官職從職員令的右邊往左邊移動，就屬貶官的情況，此即所謂的左遷。
16 幢幢：晃動、搖曳不定。「幢」音「ㄔㄨㄤˊ」。
17 惻惻：悲傷。「惻」音「ㄘㄜˋ」。
18 涉：經歷。
19 方寸：本指長寬各一寸的面積。在此比喻「心」。
20 諸院孤小弟妹：家族中，無父之幼小弟妹。

21 提挈：帶領。「挈」指「帶領」，音「ㄑㄧㄝˋ」。

22 泰：安樂、舒心。

23 風候：氣候。

24 瘴癘：山林間溼熱的有毒氣體，古人認為接觸後容易生病。「瘴」音「ㄓㄤˋ」。「癘」音「ㄌㄧˋ」。

25 虵虺蚊蚋：泛指會叮咬人畜的爬蟲、昆蟲。「虵」為「蛇」的異體字，音「ㄕㄜˊ」。「虺」指「毒蛇」，音「ㄏㄨㄟˇ」。「蚋」指「蚊子」，音「ㄖㄨㄟˋ」。

26 湓：河川名，音「ㄆㄣˊ」。

27 江酒：江州所產的酒。

28 司馬：唐代制度中，輔佐刺史的官員。沒有實際權力，多以貶官任之。

29 東西二林：指東林寺、西林寺。二寺相對，皆在廬山北麓。

30 置：建造。

31 羅生池砌：分布生長在池中及階旁。「羅」指「分布」。「砌」指「臺階」，音「ㄑㄧˋ」。

32 殫記：盡記、詳記。「殫」指「竭盡」，音「ㄉㄢ」。

33 動彌旬日：往往滿十日。「動」指「往往」、「每每」。「彌」指「滿」，音「ㄇㄧˊ」。「旬日」指「十天」。

34 云云：如此、等等，表示有所省略之詞。

35 瞥然塵念：忽然起了世俗的念頭。「瞥然」指「忽然」，「瞥」音「ㄆㄧㄝ」。「塵念」指「世俗的念頭、心思」。

36 蹔：同「暫」，一下子、忽然。音「ㄓㄢˋ」。

37 餘習：積習，此指平日作詩的習慣。

38 三韻：指「三韻詩」，為詩體的一種。每首六句，偶數句押韻，因為只有三個韻腳，故稱「三韻」。

39 金鑾殿：原為唐代宮殿，後亦泛稱皇帝的正殿。此處指的是白居易被貶謫前，任官於長安的時候。「鑾」音「ㄌㄨㄢˊ」。

40 欲明天：即「天欲明」，指天快亮的時候。

41 籠鳥檻猿：被關起來的鳥和猿。比喻白居易和元稹兩人皆遭貶謫，不能自由移動的處境。「檻」指「關野獸的木籠」，音「ㄐㄧㄢˋ」。

42 頓首：以頭叩地而拜。此處用作書信結尾敬詞，為古代書信中，尊崇對方的敬語。

唱和詩

唱和，本來泛指自古以來唱歌時的此唱彼和。漢代發展出以唱和為作詩方式的「連句詩」，第二人須依循第一人的詩歌內容唱和，後來成為士人在宮廷、師生、朋友之間流行的交往酬答方式。唱和詩發展至中唐，形成第二人在內容、體裁、用韻各方面都須依循第一人的唱和規範，其中以朋友私下的唱和為大宗，表現出當時士人互動的豐富樣貌。

白居易和元稹這對摯友之間的唱和詩相當著名，總數近千首之多，有時一次通信就唱和數十首詩。內容經常是述說生活近況、傳達思念之情，例如白居易調任離開校書郎之職時，元稹作〈酬樂天〉（節錄）：

昔作芸香侶，三載不暫離。逮茲忽相失，旦夕夢魂思。（中略）官家事拘束，安得攜手期。願爲雲與雨，會合天之垂。

又如白居易被貶江州途中所作〈舟中讀元九詩〉：

把君詩卷燈前讀，詩盡燈殘天未明，眼痛滅燈猶暗坐，逆風吹浪打船聲。

問題與討論

1 白居易在〈與元九書〉闡述自己的文學思想：「微之，古人云：『窮則獨善其身，達則兼濟天下。』僕雖不肖，常師此語。大丈夫所守者道，所待者時。時之來也，爲雲龍爲風鵬，勃然突然，陳力以出；時之不來也，爲霧豹爲冥鴻，寂兮寥兮，奉身而退。進退出處，何往而不自得哉。故僕志在兼濟，行在獨善，奉而始終之則爲道，言而發明之則爲詩。謂之『諷諭詩』，兼濟之志也；謂之『閑適詩』，獨善之義也。故覽僕詩，知僕之道焉。」請從這段話中，指出白居易堅持的人生之道是什麼？這樣的人生之道反映在〈與元微之書〉的哪些地方？

2 白居易被貶江州時，有時恬然自安，作詩讚嘆當地美食；也有時情緒低落，哀怨「鼎膩愁烹鱉，盤腥厭鱠鱸」。〈與元微之書〉以近半篇幅向元稹自述「三泰」，幾無對貶謫生活的負面描述，他如此書寫的原因可能為何？設想「過得很好」和「過得不好」兩種狀況，在這兩種狀況下，你分別會如何向關心你的密友朋友訴說近況？

3 請參閱「BOX」。〈與元微之書〉為什麼會以「詩與散文夾雜」的形式呈現？這些詩在整封信中產生了哪些作用？

4 白居易在此封書信中多次以「微之，微之」稱呼元稹。假如將重複的稱呼都改為單一的「微之」，甚至將兩個「微之」都刪去，此封書信讀起來會有何不同？再回頭看原文，你認為白居易連續稱呼「微之，微之」造成了怎樣的效果？

寫作練習：口是心非

在文學寫作中，「口是心非」是一種能夠加強情感渲染的進階手法。直接了當的說出情感，雖然能夠清楚表達自己的意思，卻很難讓讀者產生共鳴。「口是心非」的技巧，就是「報喜不報憂」，讓讀者感受到作者為了不讓對方擔心，故意只講好的部分，甚至寧願自己承受苦楚。這種手法廣泛使用在各種作品中，在流行歌詞裡亦很常見，比如孫燕姿〈我不難過〉便有這樣的句子：「我不難過／這不算什麼／只是為什麼／眼淚會流／我也不懂」。「我不難過」是謊言，而「眼淚會流」就是破綻。而在〈與元微之書〉當中，「三泰」的段落就是典型的「報喜不報憂」——如果真的過得那麼好，文章的結尾就不會那麼悲傷了。

假設你發生了一件難過的事，在你最好的朋友問起時，你卻因為不想讓他擔心，不願意直接告訴他。在這則訊息中，你必須盡量說服對方，讓他相信你很好；但同時，你也必須設下一個「破綻」。請模仿這個手法，在兩百字以內回覆以下的Line訊息。

好友：你還好嗎？看你這幾天都沒什麼笑。

我：＿＿＿＿＿＿＿＿＿＿＿＿＿＿＿＿＿＿＿＿

延伸閱讀

文字

1 卡勒德・胡賽尼著，李靜宜譯，《燦爛千陽》，木馬文化，二〇一三。

2 亞歷山大・內哈瑪斯著，林紋沛譯，《論友誼》，網路與書出版，二〇一八。

漫畫

1 安達充，《鄰家女孩》，青文出版社，一九八一。

2 山下和美，《天才柳澤教授》，尖端出版社，一九八八。

影視

1 羅伯・雷納導演，《站在我這邊》（Stand by Me），一九八六年上映。

2 大衛・林區導演，《史崔特先生的故事》（The Straight Story），一九九九年上映。

3 Mr.Children 演唱，〈くるみ〉MV，二〇〇三年發行。

4 桃樂絲・朵莉導演，《當櫻花盛開》（Hanami），二〇〇八年上映。

5 瑞奇・摩爾導演，《無敵破壞王2：網路大暴走》（Ralph Breaks the Internet: Wreck-It Ralph 2），二〇一八年上映。

第五課　愛情・鮮花・夢想的莊園——殷海光（節錄）

題解

本文節選自聶華苓的回憶錄《三輩子》，記述聶家人與殷海光的相知、相互扶持的情誼。同時，也替殷海光的人格、生涯及其時代，提供了一個側面的紀錄。

殷海光是臺灣重要的自由主義學者，擔任臺大哲學系講師，開設邏輯、羅素哲學等課程，並且參與《自由中國》雜誌，撰寫許多社論。殷海光在戒嚴時期極力宣揚反抗權威、追求自由的思想，經常為文針砭時政，直言不諱，引發當權者不滿。後來，政府以殷海光撰寫之社論〈大江東流擋不住〉為藉口，以「涉嫌叛亂」之罪名逮捕多位《自由中國》編輯。之後，政府亦查禁殷海光著作、取消學術補助；臺大哲學系因政治壓力不再續聘殷海光；其生活起居亦受到特務的嚴密監視。生活陷入困境，自由又遭受剝奪，殷海光最後罹患胃癌，在身心雙重的煎熬裡抑鬱而終。

聶華苓是殷海光在《自由中國》的同事，又是宿舍鄰居，於公於私往來頻繁，亦同樣飽受特務監視之苦。她從一般人的印象起筆，先勾勒出一個古怪、難相處的殷海光。接著以實際的相處觀察增添血肉，呈現殷海光硬軟兼具的人格特質。題目的三個關鍵詞，提供讀者不同的切入角度，呈現殷海光這一代知識分子的愛情、人際與理想等面向，反映人生與人性的複雜層次。

聶華苓寫作此文時，殷海光已經過世，此文因此帶有總結、回顧的意味。寫言談涉及懷鄉、論學與日常閒談，除反映殷海光的思想與理想外，亦帶出他對待朋友的誠摯。寫舉止除了呼應其思想，更是展現殷海光性格與情感的幽微之處，使其形象立體而飽滿。聶華苓向讀者敘述自己所理解的殷海光，以及一家人與他日漸深厚的友情。全文看似平淡，實際上在節制中飽孕情感。

作者

聶華苓，一九二五年生於中國湖北武漢，於南京的中央大學外文系畢業。曾獲花蹤世界文學獎、中華民國二等景星勳章。

聶華苓的童年因政治動盪，不斷在中國各地遷徙。一九四九年隨國民政府來臺，擔任《自由中國》編輯委員與文藝欄主編，為當時該刊唯一的女性編輯。聶華苓審稿堅持純文學的標準，與當時國家文藝政策背道而馳，力抗八股的反共文學，為五〇年代臺灣文學創作撐出一方自由揮灑的空間。

一九六〇年，《自由中國》停刊、多位編輯被捕，聶華苓亦受到特務監視。一九六三年結識美國詩人保羅・安格爾（Paul Engle），隔年赴美國，任教於愛荷華大學，兩人在一九七一年完婚。她與保羅共同創辦愛荷華大學「國際寫作計畫」，邀請世界各地作家前往創作交流，為全世界最重要的作家交流計畫之一，持續運作至今。殷海光於本文中提及的「夢想的莊園」，意外在美國開花結果。

聶華苓創作涵蓋散文、小說與翻譯，尤以小說成就特別高。長篇小說《桑青與桃紅》寫戰爭與政治導致的認同危機，頗能反映一代人心靈漂泊無依的課題。該書被翻譯為多國語言，英譯本獲美國國家書卷獎。另有自傳《三輩子》、小說《失去的金鈴子》等多部著作，並翻譯安德烈・紀德《遺悲懷》等書。

松江路一二四巷三號，是我在臺北的家。當時的松江路只有兩三條小巷，在空蕩蕩的田野中。那房子是《自由中國》剛創辦時，從當局借來的，那時正是吳國楨[1]任臺灣省主席兼保安司令部司令[2]。這個地方偏僻，交通不便，三房一廳的房子，只有殷海光一個人住。誰也不願去沾惹他，人都說他古怪、孤僻、傲慢，一句話不投機，立刻拒人於千里之外。

殷海光抗戰時在昆明的西南聯大[3]，是金岳霖[4]的學生，非常佩服老師的學養和為人。他十六歲時對於邏輯學[5]的心得，就得到金岳霖的重視，引用在他的著作中。抗戰後，殷海光是南京《中央日報》主筆，徐蚌會戰[6]，他一篇社論〈趕快收拾人心〉，針砭當時的國民政府的弊病，得到許多知識分子的共鳴。他到臺灣後，應傅斯年[7]之聘在臺灣大學教書，離開《中央日報》，並參加《自由中國》任編輯委員。

一九四九年，一群年輕知識分子剛從大陸到臺灣，常在一起聚會，討論中國的未來。我第一次和王正路[8]去參加，也是第一次見到殷海光。他比他們只年長幾歲，儼然是他們的大師。朋友們在小房的榻榻米[9]上席地而坐，希望聽聽殷海光的意見。然而，大師不講話，兩眉緊鎖坐在那兒。筆挺的希臘鼻，晶黑深沈的眼睛，射出兩道清光，一蓬亂髮任性地搭在額頭上。他久久不說話，彷彿肩上壓著千斤重擔，不知如何卸下才好。他終於講話了，湖北腔的國語，一個個字，咬得清楚、準確、堅定。他逐漸來勁了，講起他的道了。他那時的道是中國必須全盤西化，反對傳統[a]。

[a] 此處提到殷海光主張「全盤西化」，在後段的文章裡也好幾次提到「西方文化」之類的關鍵字。請你把所有提到「西方文化」之處都圈出來，並且說明：你覺得作者為什麼要反覆提及這個關鍵字？這樣寫有什麼效果？

後來在另一個場合，突然有人在房門口叫了我一聲，抬頭一看，正是殷海光。我站起來招呼他。他卻頭一扭，硬著脖子走了。許久以後，我才知道，他發現屋子裡有個「氣壓很低」的人。[b]

我拖著母親弟弟妹妹從大陸到臺灣，哪裡還有選擇住處的自由？一家人只有懷著凶吉不可測的心情，搬到松江路。

搬家那天，殷海光在園子裡種花，對我們打了個招呼，沒有歡迎，也沒有不歡迎的樣子。但是，來日方長，和母親所稱的那個「怪物」，擠在四堵灰色土牆內，是否能相安無事，不知道。

第二天早上，走出房來，桌上一束紅艷艷的玫瑰花！

b 從這個段落的描述，你覺得殷海光有什麼樣的人格特質？你覺得他說的「氣壓很低」是什麼意思？

殷海光園子裡的玫瑰花！他摘下送給我母親。空空洞洞的屋子，窗前放了一束玫瑰花，立刻有了喜氣。

那是我們臺灣生活中第一束花。

我對母親說：莫擔心，殷海光是愛花的人。

母親說：我才不怕他！c

就從那一束玫瑰花開始，殷海光成了我家三代人的朋友。他在我家搭伙。我們喜歡吃硬飯和辣椒，他一顆顆飯往嘴裡挑，不沾辣菜，尤其痛恨醬油。但他從沒說什麼。後來母親發現他有胃病，問他為什麼不早說呢？他說：人對人的要求，就像銀行存款，要求一次，就少一點。不要求人，不動存款，你永遠是富人。d

母親把飯煮得軟軟的，辣椒醬油也不用了。e殷海光仍

c 從「搬家」以下的段落，判斷母親為什麼會說「我不怕他」這句話？母親這句話真正的意思是什麼？

d 從這一段看來，殷海光有什麼樣的人格特質？跟提問b你推測出來的人格特質有矛盾嗎？能否把這些特質結合成一個完整的人格側寫？

e 配合前一段，母親煮飯方式的改變代表什麼樣的關係變化？

然有一搭沒一搭地吃著。他和我們一起吃飯，好像只是為了談話：談美、談愛情、談婚姻、談中國人的問題、談未來的世界、談昆明的學生生活、談他景仰的老師金岳霖。有時候，在黑夜無邊的寂靜中，他從外面回來，只聽見他沈沈的腳步聲，然後咔嚓一下關房門的聲音。不一會兒，他就端著奶色的瓷杯，一步步走來，走到我們房門口：「我——我可不可以進來坐一坐？」母親看到殷海光總是很高興的，招呼他坐在我家唯一的籐椅上。他淺淺啜著咖啡（咖啡也是西化吧），也許一句話也不說，坐一會兒就走了。也許又娓娓談起來。他說話的聲調隨情緒而變化，有時如長江大河，一瀉千里，有時又如春風，徐徐撩來。

他談到昆明的天：很藍，很美，飄著雲。昆明有高原的爽朗和北方的樸實。駝鈴從蒼蒼茫茫的天邊盪來，趕駱駝的人臉上帶著笑。我們剛從北平搬到昆明，上一代的文化和精神遺產還沒有受到損傷，戰爭也還沒有傷到人的元氣。人和人之間交流著一種精神和情感，叫人非常舒暢。我有時候坐在湖邊思考，偶爾有一對情侶走過去，我就想著未來美好的世界。[f] 月亮出來了，我沿著湖散步，一個人走到天亮。下雪了，我赤背袒胸，一個人站在曠野裡，雪花飄在身上。[g]

他也常常感時傷事：現在的人，大致可分三種：一種是糞坑裡的蛆，一天到晚逐臭地活著。一種是失掉人性的軀殼，只是本能地生存著，沒有笑，沒有淚，沒有愛，也沒有恨。還有一種人生活在精神境界裡，用毅力和信心保

f 殷海光回憶過去，從這整段描寫昆明生活的段落裡，你能否推測殷海光講這些話的時候，對同時代的人們有什麼想法？請先想一想，再讀下一段，確認你有沒有猜到他的想法。

g 這段話裡面的「我」是誰？你怎麼判斷出來的？在接下來的段落裡，你能否找出這個「我」還出現在哪些地方？

護自己。物質的世界是狹小的，充滿欺詐和各種利害衝突。只有在精神世界裡，才能開拓無限樂土，自由自在，與世無爭。

殷海光說西方文化的好處之一是線條清楚，不講面子。他向我家借三塊錢，收到稿費，必定鄭重其事雙手奉還。我家向他借三塊錢，他就會問：幾時還？下星期三我要買書。母親說：星期二一定還。他才借給我們三塊錢，否則，下次休想再借。有朋友就那樣子碰過一鼻子灰。

他又說西方文化另一好處是人有科學頭腦，講究分析。他論事論人，鋒利冷酷，一層一層剝開來分析。因為沒有惡意，所以不傷人。有天晚上，他和幾個朋友在我家聊天。他興致來了，把在座的牛鬼蛇神全分析出來了，講了一個

你同意殷海光「因為沒有惡意，所以不傷人」的說法嗎？你覺得一般人會同意嗎？殷海光顯然認為「東方」面對人事道理不夠條理、科學，且講究面子，你的經驗也是如此嗎？

通宵。他指著一個人的鼻子，斬釘截鐵地下了一句結論：你是一團泥巴！那團泥巴哭喪著臉跟著我們哈哈大笑。[i]

你批評他？也可以，只要你有道理。母親常常指點他說：殷先生呀，你實在不通人情！他仰天大笑。有一天，母親向他借一個多餘的空玻璃瓶，他繃著臉，煞有介事地：不借！我衝口而出：實在可惡！他哈哈大笑。我回頭說：我在說你呀！他又大笑一聲，咚的一下把門關上了。[j]

他住在松江路時，還沒結婚。夏君璐在臺灣大學農學院讀書，靈秀淡雅，堅定的側影，兩條烏黑的辮子，一身清新氣息。他們在大陸時已訂婚，她常在週末來看殷海光。只要她在座，他總是微笑著，很滿足，很嚴肅——愛情就是那個樣子嘛，他準會那麼說。當然，沒人和他談過這件

[i] 這段當中，殷海光評論了在座的朋友。從朋友的反應看起來，你覺得殷海光的評論中肯嗎？

[j] 母親和聶華苓罵殷海光的時候，殷海光的回應都是大笑，你認為原因為何？

事。那是他生活中最神聖、最隱密的一面，而且，西方文化，要尊重人的私生活嘛。當時我只是暗自好笑：殷海光在夏君璐面前就老實了。多年以後，我才了解：他年輕妻子堅如磐石的愛心，忍受苦難的精神力量，早在她少女時代，就把殷海光鎮住了。日後他在臺灣長期受迫害的生命中，她是他精神世界主要的支柱，是唯一幫助他在狹小的空間開闢無限樂土的人，將幽禁[11]殷海光的溫州街小木屋神化為他夢想的大莊園。她是一位了不起的女子。

殷海光談到他夢想的莊園，眼睛就笑亮了：我有個想法，你們一定喜歡。我夢想有一天，世界上有一個特出的村子，住在那兒的人全是文學家、藝術家、哲學家。我當然是哲學家咯[12]！殷海光哈哈大笑，繼續說：我的職業呢？

回頭閱讀「題解」與「作者」欄，此處所說的「受迫害」和「幽禁」可能是什麼事件？知道是什麼事件之後，再閱讀這個段落，你覺得夏君璐可能為殷海光提供了什麼樣的支持？為什麼聶華苓會說她「了不起」？

是花匠，專門種高貴的花。那個村子裡，誰買到我的花，就是最高的榮譽。我真想發財！他哈哈大笑。殷海光想發財！只因為有了錢才造得起一個莊園呀！大得可以供我散步一小時。莊園邊上環繞密密的竹林和松林，隔住人的噪音。莊園裡還有個圖書館，專存邏輯分析的書籍。凡是有我贈送借書卡的人，都可以進去自由閱讀。但是，這樣的人不能超過二十個，人再多就受不了了。他皺皺眉頭。[l]

母親說：我們搬來的時候，還怕你不歡迎呢！

你們這一家，我還可以忍受。他調侃[13]地笑笑。換另一家人就不保險了。[m]你們沒搬來以前，我有一隻小白貓。我在園子裡種花，牠就蹲在石階上晒太陽。我看書，牠就趴在我手臂上睡覺。我不忍驚動牠，動也不敢動，就讓牠睡

l 殷海光此處不再是向聶華苓闡述知識、觀點，而是開始談心了。他們談了什麼事？你從中可以看出他們的關係變化嗎？

m 殷海光此處的回應，實際上是要表達什麼意思？從這樣的表達方式，你認為他是一個怎樣的人？

下去。無論怎麼窮，我一定要買幾兩小魚，沖一杯牛奶餵牠。後來，小貓不見了。我難過了好久。現在又有這隻小貓了！他微笑著撩起薇薇[14]搭在眼瞼上的一抹頭髮，思索了一會兒。人真是很奇怪的動物，像刺蝟一樣，太遠，很冷，太近，又刺人。在我那莊園上，我還要修幾棟小房子，不能離得太近，越遠越好。那幾棟小房子，我送給朋友們。

送不送我們一棟？我笑著問。竹林邊上那一棟，怎麼樣？你和夏小姐每天下午散步來我們家喝咖啡，Maxwell[15]咖啡，你的咖啡。

好！就是竹林邊上那一棟！

殷海光在園子裡種花，母親就帶著薇薇和藍藍[16]坐在台階上和他聊天。他的花特別嬌嫩。夏天，他用草蓆為花樹

殷海光此處的言談，與前面有何不同？人物形象有了怎樣的轉變？讀到這裡，你應該看出殷海光這個人有很多層次，你能試著描述他完整的人格特質嗎？

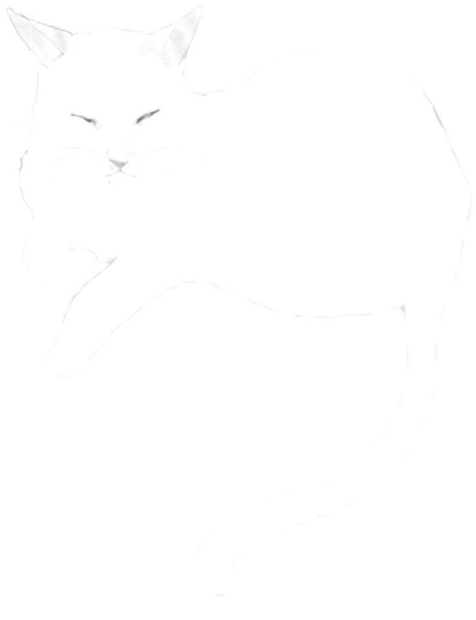

搭起涼棚。風雨欲來，他將花一盆盆搬到房中。八個榻榻米的一間房，是書房，臥房，起坐間，儲藏室，也是雨天的花房！他有時也邀我們雨天賞花。否則，非請莫入。一走進他的房間，就看見窗下一張氣宇軒昂的大玻璃書桌，最底下的一個抽屜不知道哪兒去了，露出一個寒酸的大黑洞。桌上一小盆素蘭，一個粉紅小碟盛著玲瓏小貝殼。書桌旁一張整潔的行軍床[17]。靠牆兩張舊沙發，中間一張小茶几，茶几上或是一盆珠蘭，或是一瓶素菊。沙發旁的小架子上，一個淡檸檬黃花瓶，永遠有一大束風姿綽約的鮮花，從他園子裡採來的。靠牆一排書架，穩穩排列著一部部深厚色調的精裝書。除了幾部與文學有關和普通理論書籍之外，其他的書對我而言，都是天書，七古八怪的符號，作

這段寫到殷海光的花「特別嬌嫩」，作者除了描述花的特質外，還有其他目的嗎？

者是什麼Whitehead[18]呀，Quine[19]呀，那些書是絕不借人的。書和花就是他的命。那幾件家具呢？發了財，劈成柴火燒掉！他講的時候的確很生氣。

殷海光每天早上到巷口小鋪喝豆漿。聶伯母，沒有早點錢[20]了。明天拿了稿費一定還。他向我母親借錢。

母親笑了：殷先生呀，下次有了稿費，在你荷包裡留不住，就交給我保管吧，不要再買書買花了。

他接過錢，自顧自說：書和花，應該是作為一個人應該有的起碼享受。憤憤不平地咚咚走開了。

他除了去臺灣大學教課之外，很少外出。假若突然不見了，你一定會看到他捧著一束鮮花，挾著一本本硬邦邦的新書，提著一包包沙利文[21]小點心，坐在舊三輪車上，從巷口輕鬆溜過來，笑咪咪走進斑駁的綠色木門。

殷先生，你又拿到稿費啦！母親劈頭一聲大叫，彷彿抓著了逃學的孩子，記不記得？今天早上你還沒有早點錢！

他仰天大笑，快活得像個孩子。進了屋，贖罪似的，請我們三代人到他房裡去喝咖啡吃點心。兩張舊沙發必定讓給母親和我坐。尊重婦女嘛，西方文化。薇薇在房門口脫下鞋子說：羅素[22]的小朋友也赤腳。殷海光大笑一聲，塞一塊小可可餅在她嘴裡，抱起她直叫：乖兒子。藍藍坐在我身上等著吃點心。他嫌她太安靜了，對她大叫一聲：木瓜！她哇的一聲哭起來，他就塞一塊小椰子餅在她嘴裡。

你認為怎樣的關係會替對方保管收入？為什麼母親會向殷海光提出這項建議？從這裡看來，你覺得兩人交情如何？

請回頭看一下「題解」欄，解釋殷海光為何會因為薇薇的這句話而感到開心？

他咚咚走出走進，在廚房熬Maxwell咖啡。一直到現在，我還認為Maxwell是世界上頂[23]香的咖啡。

注釋

1 吳國禎（西元一九〇三年—西元一九八四年）：生於中國湖北，普林斯頓大學政治學博士。曾任中華民國外交部政務次長、上海市長、國民黨宣傳部長。擔任臺灣省主席期間，致力於推動地方自治。後與蔣介石理念不合而辭職赴美，並在美國公開批評國民政府的極權統治。

2 保安司令部司令：「動員戡亂」期間負責臺灣警備、治安的機構。一九四九年由「臺灣省警備司令部」改制而成，設司令一人，由省主席兼任。隸屬於行政院，受國防部指揮監督。

3 西南聯大：國立西南聯合大學，簡稱西南聯大。一九三七年，中國與日本開戰，北平情勢危急。北京大學、清華大學、南開大學於是遷移到湖南省，組成國立長沙臨時大學。後因戰事發展，再遷移至雲南省昆明市，更名為西南聯合大學。

4 金岳霖（西元一八九五年—西元一九八四年）：生於中國湖南，美國哥倫比亞大學政治學博士。為清華大學哲學系創系系主任，第一屆中央研究院院士。專長為邏輯學。

5 邏輯學：翻譯自英語Logic，為研究如何推理、思考才能正確的學問。

6 徐蚌會戰：國共內戰的「三大會戰」之一，始於一九四八年十一月六日，至一九四九年一月十日結束。

7 傅斯年（西元一八九六年—西元一九五〇年）：生於中國山東，歷史學家、五四運動學生領袖之一。中央研究院歷史語言研究所創辦者，曾任北京大學代理校長、臺灣大學校長。

8 王正路：聶華苓第一任丈夫，與聶華苓生有兩名女兒。

9 榻榻米：日式房屋中，鋪墊在地板上的厚草蓆。日語たたみ（tatami）的音譯。

10 啜：慢慢地喝。音讀作「ㄔㄨㄛˋ」。

11 幽禁：囚禁。此處指一九六六年，臺灣大學哲學系因政治壓力不再續聘殷海光後，國民政府不僅限制殷海光所有學術活動與發表，更派遣特務在殷海光住處周邊站崗，監視其生活起居，殷海光的人身自由大受限制。

12 咯：句末助詞，意同「了」或「囉」。音讀作「˙ㄌㄛ」。

13 調侃：揶揄、嘲諷、挖苦。

14 薇薇：指聶華苓的大女兒王曉薇。

15 Maxwell：荷蘭咖啡品牌，創立於一八九二年。全名Maxwell House，臺灣譯為麥斯威爾。

16 藍藍：指聶華苓的二女兒王曉藍。

17 行軍床：以帆布製成，可以折疊的床。多於軍人行軍時使用。

18 Whitehead（西元一八六一年—西元一九四七年）：全名Alfred North Whitehead，臺灣譯為懷海德。英國數學家、哲學家，著有《數學原理》、《歷程與實在》。

19 Quine（西元一九〇八年—西元二〇〇〇年）：全名Willard Van Orman Quine，臺灣譯為奎因或蒯因。美國哲學家。

20 早點：早餐。

21 沙利文：臺北市的老點心店，以俄式點心為特色。

22 羅素（西元一八七二年—西元一九七〇年）：全名Bertrand Arthur William Russell。英國哲學家。

23 頂：副詞，最、非常。

問題與討論

1 殷海光在觀念與作風上，都有強烈的「西化」特徵，文中哪些部份可作為印證？殷海光這些言行，哪些你可以接受？哪些你無法接受？原因為何？

2 聶華苓和殷海光當鄰居，一開始為何會感到擔憂？你曾有類似的經驗嗎？閱讀本文後，對你的人際互動觀念有無影響呢？

3 這是一篇情感豐沛的懷人書寫，聶華苓用了大量的篇幅描寫、記敘，而不直接抒發對殷海光的情感，她為什麼要這樣寫？全文讓你印象最深刻的是哪個部分？為什麼？

寫作練習：「重複」手法

在文學寫作中，為了強調一項特質，使讀者印象深刻，作家常常使用「重複」的手法來強化。大多數的文章當中，只要將相似的細節重複超過三次，通常就能引起讀者的注意。〈愛情・鮮花・夢想的莊園──殷海光〉一文當中，就多次強調殷海光尊崇「西方文化」，不管是描寫殷海光的言論、待人處世的態度，甚至是愛喝咖啡、愛情觀、對待女性的習慣都要提到，明確寫出來的部分至少就有六次，這就是標準的「重複」手法。

請選擇一個你熟悉的人，挑出一項這個人最鮮明的人格特質，並且為這種人格特質舉出至少三個例子，分別寫成三個各一百二十字的段落。

延伸閱讀

文字

1 聶華苓，《桑青與桃紅》，時報出版，一九九七。

2 白先勇，〈樹猶如此〉收錄於《樹猶如此》，聯合文學，二〇〇二。

3 陳列，《躊躇之歌》，印刻，二〇一三。

4 季季，《行走的樹》，印刻，二〇一五。

5 呂蒼一、胡淑雯、陳宗延、楊美紅、羅毓嘉、林易澄，《無法送達的遺書：記那些在恐怖年代失落的人》，衛城，二〇一五。

6 黃崇凱，〈三輩子〉收錄於《文藝春秋》，衛城，二〇一六。

影視

1 史蒂芬・切波斯基導演，《壁花男孩》（The Perks of Being a Wallflower），二〇一二年上映。

音樂

1 五月天演唱，〈垃圾車〉，收錄於《神的孩子都在跳舞》，二〇〇四年發行。

2 范瑋琪演唱，〈一個像夏天一個像秋天〉，收錄於《我們的紀念日》，二〇〇六年發行。

遊戲

1 赤燭遊戲製作，《返校》（Detention），二〇一七。

第三單元

性別角色

導言
性別角色

本單元的主題是「性別角色」。

在本冊的前兩單元，我們談論了「家人」和「朋友」兩種生活中的重要他人。而我們每個人在彼此互動的時候，會很像是同台演一齣戲一樣，扮演不同的「角色」，你會明確知道自己有些事可以做，有些事如果做了，則會惹上一點麻煩。

每個人身上都會有多重角色，而最顯著的角色分配因素之一，就是「性別」。就算在提倡性別平等的當代社會，人們還是習慣用「性別角色」來決定他/她可以做什麼、不可以做什麼。然而，這種規定不一定適合每個人，畢竟人們的興趣、喜好、專長或選擇，不一定會完全由性別來決定。比如有一種傳統看法，認為「女生適合讀文組、男生適合讀理組」，但你一定也認識數理很強的女生和文史很強的男生。當然，決定「角色」的因素不會只有性別，包括族群、階級、職業、地域等各式各樣的因素，都各有一套「角色扮演的規則」。然而，「性別角色」常常是人際互動中最顯明的一塊，因為它會把自身的規則連結到生理特徵（男性/女性），假裝這是「自然而然」的。「性別角色」也往往在日常生活中控制了我們，使我們習以為常、感受不到問題何在。

長久以來，文學作品就對人們的「性別角色」很有興趣，許多作家都在思考：人真的只能依照社會分配的「性別角色」來過活嗎？盲目遵從這種模式，會不會反而帶來壓抑和傷害？閱讀本單元所選的〈張李德和詩文選〉、〈童女之舞〉和〈男人的撒嬌文化〉時，你可以關注它們分別談論了什麼樣的性別角色及其困境。

〈張李德和詩文選〉的作者張李德和，出身於臺灣日治時期的仕紳家族，不管在家世、經濟和文化上，都有強大的優勢。即便如此，從她的人生經歷當中，你還是可以看到「性別角色」如何限制她的發展。雖然她的作品是以古文寫成，但她生活在一個快速近代化的時代，因此你也可以從她昂然的自信與多元的興趣裡，感受到二十世紀上半葉的臺灣女性如何利用新時代的契機，全力突破性別限制。

曹麗娟的〈童女之舞〉描述一九七〇年代被壓抑的同志戀情。同志文學是現代文學中成就非常亮眼的一個領域，而〈童女之舞〉更是臺灣同志文學史上的經典之作。作者細膩地描述了兩人青澀、曖昧卻又深長的感情，這樣的故事無論發生在任何人身上，想必都能深深打動人心。然而，兩人卻只是因為同為女性，害怕遭受社會的歧視而無法真正交往。近年來，「婚姻平權」成為重大的社會議題，你或許能從〈童女之舞〉或其他的同志文學作品裡，找到更多思考的方向。

最後，我們選錄了精神科醫師王浩威的專欄評論〈男人的撒嬌文化〉，思考男性的「性別角色」議題。「男人」與「撒嬌」兩個詞，一般來說不會被放在一起，這種格格不入的感覺，正是「性別角色」在影響我們的判斷。〈男人的撒嬌文化〉展現了作者深刻的觀察力，以出人意表的角度詮釋了男性的行為模式，至今仍然是這個領域中重要的參考文獻。除了文章中的性別觀察之外，你也可以注意作者如何用簡明的文字、清晰的結構，來說明一個抽象的論點。

近年來，性別議題是全世界都非常關注的一個領域，你或許也已經聽過其他科目的老師談論「性別平等」的概念。為了達到平等、尊重，我們得先有更充分的了解，而文學作品，正是一種促進人們「了解他人」的媒介——透過故事、透過論述，來激發我們對「他人」的同情與同理。也透過文學，我們更能看到一代一代的人類如何嚮往自由，掙脫社會加諸的限制。這些經驗，或許就會在你生命中的某一瞬間，忽然點亮了你前行的路。

第六課　張李德和詩文選

題　解

本課選錄張李德和作品四篇，共有〈畫菊自序〉一文，以及〈歸寧〉、〈裁縫〉、〈教子〉三首詩。

〈畫菊自序〉是張李德和自述繪畫創作因由的駢文，表達了她的志向，也可以從文章中的大量典故，看見作者對文學史、藝術史的熟悉，反映了當時臺灣文人對中國古典文學的深刻理解。另外，本課所選的〈歸寧〉與選自「閨中十趣」的〈裁縫〉、〈教子〉三首詩作，則呈現了她的生活面向和性別角色。〈歸寧〉描寫思念亡母之情，〈裁縫〉談及現代縫紉技術與傳統「女紅」的融合，分別呈現了「女兒」、「母親」、「現代女性」的角色，〈教子〉則表達她的家庭觀念。這些作品富有時代意義，表現出一名生長在日治時期的臺灣、出身自仕紳階層，兼有古典修養和現代知識的女性樣貌。從這些作品中，我們能看到張李德和混合了傳統與現代、壓抑與開放、群體與自我的複雜形象。

值得注意的是，日治時期尚未引入現在我們習慣的「國語」，而是以「臺灣話」為語言主流。因此，這篇文章雖然以我們熟悉的「漢字」寫成，但在朗誦時應以臺語發音，才能接近作者創作時的音調安排。我們也可以由此感受到「漢字」的特性：書面文字是同一的，但讀音則可以因為地區而有不同的變異。也因此，日治時期的日本文人也能用「漢字」來和臺灣仕紳交流，一同創作古典詩文。張李德和及許多臺灣仕紳家族，便是在這樣的背景下與日本總督府配合，從而能保全家業、活躍於殖民時代。

作者

張李德和（西元一八九三年－西元一九七二年），字連玉。原名李德和，「張」為冠夫姓。出生於臺灣雲林的仕紳家族。父祖多人都曾於清代任官，深厚的家學培養了她對中國古典文學與藝術的愛好。同時，她也從臺北士林第三高女（現臺北市立中山女高）畢業，是臺灣最早接受現代學校教育的女性之一。畢業後曾在雲林、嘉義等地擔任教職，亦是當年少見的職業女性。後與嘉義出身的醫生張錦燦成婚，隨後辭去教職。

之後，張李德和投入藝術創作中，擅長詩、畫，著有多本詩集、文集，畫作也曾多次在日治時期入選臺灣總督府官方辦理的年度美術展覽會。除了個人創作，她也以自家書房「琳瑯山閣」為據點，招待嘉義一帶的藝文人士，舉辦詩會、填詞會、書畫會等活動，宛如歐洲的「沙龍」。她的創作與活動深受時人尊敬，與林玉山、陳澄波並稱「嘉義藝文鐵三角」。

一九四五年終戰以後，由於政治立場較為順服國民政府，她的社會地位和藝文圈的影響力都仍維持不墜，曾擔任臺灣省臨時省議會議員，也曾競選嘉義市長。晚年移居日本，於一九七二年病逝。

一、畫菊自序

人為萬物之靈，志有萬端之異[a]。學琴學詩均從所好，工書工畫各有專長。是故咳唾珠玉[1]，謫仙[2]關詩學之源；節奏鏗鏘[3]，蔡女[4]撰胡笳之拍；此皆不墮聰明，而有志竟成者也。

若夫銀鈎鐵畫[5]，固屬難窺。儷白妃青[6]，亦非易事。余因停機教子[7]之餘，調藥助夫之暇，竊慕管夫人[8]之墨竹，紙上生風；敢藉陶彭澤之黃花[9]，圖中寫影[b]。庶幾[10]秋姿不老，四座流芬；得比勁節長垂，千人共仰。竟率意而鴉塗，莫自知其鳩拙[11]云爾[c]。

提問

a 從第一句開始，作者便使用了「對偶」手法。請找出〈畫菊自序〉的每一組對偶，並把它們都標示出來。你認為這樣的手法有什麼效果？如果改寫成沒有對偶的版本，會有什麼影響？

b 作者使用了大量的「典故」，如「謫仙」、「蔡女」、「管夫人」、「陶彭澤」等。從這些典故中，你認為這篇文章預計是要寫給哪一類讀者閱讀的？你覺得張李德和使用這麼大量的典故來表達自己的創作動機，可能想要對上述的讀者傳達什麼樣的訊息？

c 作者以「秋姿不老」、「勁節長垂」來期許自己的畫作，希望能恆久流傳。但同時又

二、歸寧[12]

欲歸不忍歸，寂寞到庭幃[13]。拜影[14]心如碎[d]，焚香淚滿衣。

三、裁縫

新翻花樣入時裝，褦襶偏忘辨燠涼[15]。願向天孫[16]傳妙術，匠心獨具折衷方[e]。

說自己作畫是「率意而鴉塗」、「莫自知其鳩拙」，彷彿自己的畫作無甚可觀。為什麼要這樣說？其中是否有矛盾？你能否在日常生活中，找到類似的情境？

[d] 參照這首詩的標題、題解與注釋，讓張李德和感到「心如碎」及「淚滿衣」的對象是誰？知道是誰之後，請解釋第一句「欲歸不忍歸」是怎樣的心情？

[e] 在日治時期，「裁縫」是新的技術，而「女紅」則是傳統婦女的手藝。從本詩第四句的「匠心獨具折衷方」，你能否推測張李德和面對「新事物」和「舊事物」的態度？配合題解、作者欄，你認為這種態度與她人生中的哪些階段有關？

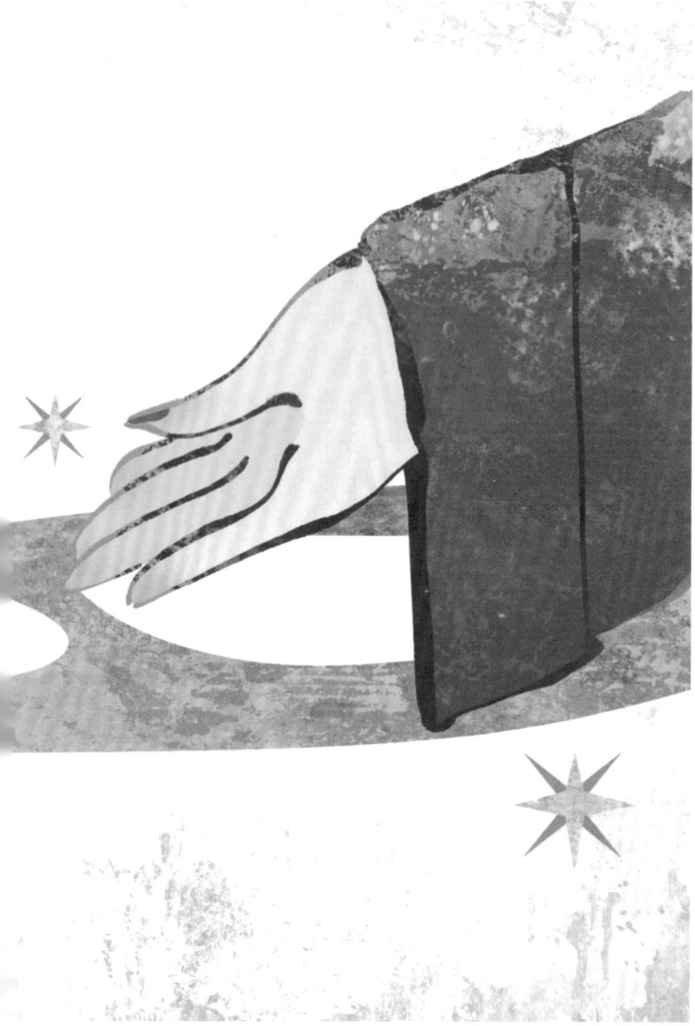

四、教子

趨庭有訓[17]義方欽。晝荻和丸[18]費苦心[f]，待得蟾宮攀桂[19]日，一經勝似滿籯金[20]。[g]

f 這首詩被張李德和列在〈閨中十趣〉之九，然而第二句又說「費苦心」，你認為其中有矛盾嗎？讀完全詩，你能否找到「趣」在哪裡？

g 本詩第三句使用了「攀桂」這個與科舉有關的典故，但你覺得張李德和的孩子所受到的教育，會比較偏向傳統的科舉考試，還是現代的學校教育？請參考題解、作者欄位的說明，以及你對日治時期的認識，說明你的推測。

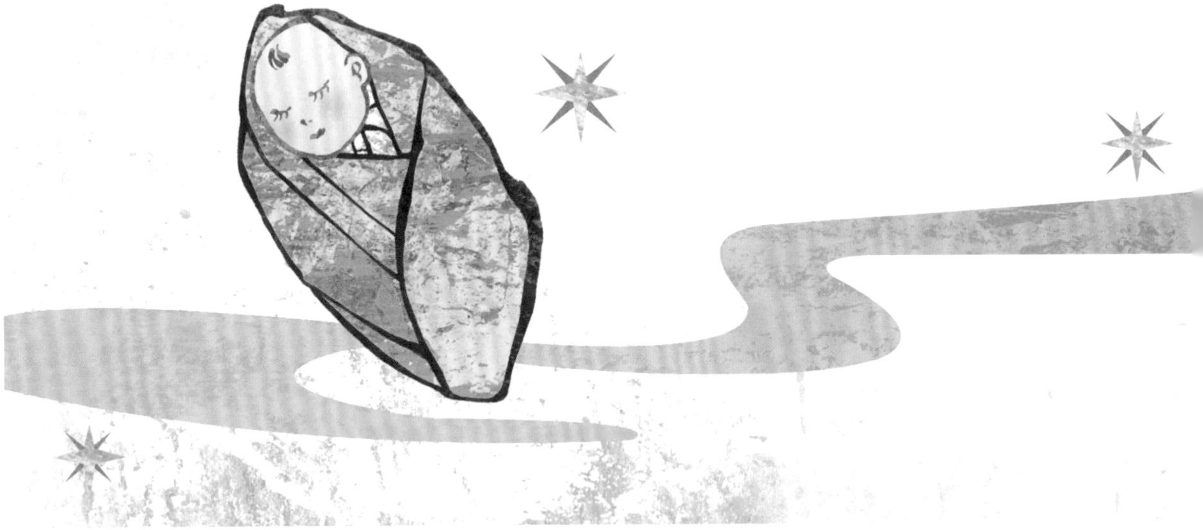

注釋

1 咳唾珠玉：吐出的都是珠玉，形容人的言論優雅雋永，典出《莊子·秋水》。「咳」、「唾」都是「吐出」的動作。

2 謫仙：形容人才情高超，有如自天上被謫居人世的仙人。此處指唐朝詩人李白。「謫仙」為賀知章對李白的稱讚。

3 鏗鏘：狀聲詞，比擬清脆悅耳的聲音。

4 蔡女：指東漢末年的蔡文姬（約西元一七七年－西元二四九年），東漢文學家蔡邕（西元一三三年－西元一九二年）的女兒。著有〈胡笳十八拍〉、〈悲憤詩〉。下文的「胡笳之拍」就是指蔡文姬的文學成就。

5 銀鉤鐵畫：形容各種書法風格。「銀鉤」形容筆畫婉轉柔美，因為銀的延展性高，較柔軟。「鐵畫」形容筆畫剛勁有力，因為鐵的硬度高，較堅硬。

6 儷白妃青：形容畫面協調，就如同以白色配搭青色一樣適宜。「儷」音「ㄌㄧˋ」，「妃」音「ㄆㄟˋ」，均指「匹配」、「配對」。

7 停機教子：指女性暫時擱置家務，專心教養子嗣，典出明代戲曲《三娘教子》。「機」指織布機，引申為女性的家務勞動。

8 管夫人：指管道昇（西元一二六二年－西元一三一九年），字仲姬，元代書畫家趙孟頫之妻。擅長書畫，以竹、蘭、梅主題的畫作著名，著有《墨竹譜》。

9 陶彭澤之黃花：指陶淵明的詩句「採菊東籬下」。「黃花」指菊花。

10 庶幾：表示希望的語氣詞，意為「或許能夠」。

11 鳩拙：鳩鳥不善築巢，作者以此自謙畫作不甚高明。

12 歸寧：傳統女子結婚後，返回原生家庭探視親人。

13 寂寞到庭幃：獨自寂寞地回到舊日少女時

居住的房間。「庭幃」指婦女居住的內室，「幃」音「ㄨㄟˊ」。

14 拜影：後輩對已逝長輩的畫像叩拜。此處指張李德和逝世的母親之畫像。

15 襛襶偏忘辨燠涼：形容衣物寬大不合身、不合時令。「襛襶」指衣服粗厚臃腫貌，「襛」音「ㄋㄞˋ」、「襶」音「ㄉㄞˋ」。「燠涼」指氣溫的冷熱。「燠」指暖和，音「ㄩˋ」。

16 天孫：織女星的別稱，相傳織女是天帝之孫女。

17 趨庭有訓：指《論語．季氏》記載孔子藉兒子伯魚行經庭院時召喚他，教導《詩經》、《禮記》的典故。「庭訓」因而泛指家庭教育。

18 畫荻和丸：意指教育孩子讀書。「畫荻」為宋代歐陽脩的母親以荻草莖在沙地上寫字，教導兒子的典故。「和丸」為唐代柳公綽之妻韓氏以熊膽製成味苦的藥丸，幫助其子提神讀書的典故。「和」音「ㄏㄨㄛˋ」。

19 蟾宮攀桂：意指孩子的學業獲得好的成就。「蟾宮」指月亮。「桂」則是晉代郤詵向晉武帝介紹自己時，以「猶桂林之一枝，昆山之片玉」(像是月宮裡的桂枝、崑崙山上的寶玉)來形容自己的優秀。後人於是用「蟾宮攀桂」比喻考中進士，此處再引申為學業優秀。

20 一經勝似滿籯金：比喻學識涵養的重要勝過家財萬貫。「經」指經書，此指學問。「籯」指竹簍，音「ㄧㄥˊ」。

漢字文化與殖民統治

由於歷史文化的發展，東亞的許多國家形成了「漢字文化圈」，包含中國、日本、韓國、越南與臺灣等地。在這個文化圈中，每個文化都使用過「漢字」作為書寫工具。不同於歐美的拼音文字，漢字的「言」（聲音）和「文」（文字）是可以分離的，因此表面上是極為相似的文字，搭配的語言卻可以完全不同，如同今日的中文與日文。因此，漢字雖然是從中國文化發源的，卻逐漸在不同文化裡產生了新的變異，而有各自的特色。

在日治時期，不管是作為殖民者的日本知識分子、或是被殖民的臺灣士紳階級，都屬於漢字文化圈的一環。所以語言雖然不同，卻能夠以漢字文化為基礎來溝通、交流。於是，日本殖民政府便以舉辦詩會、在報紙上開闢漢詩欄位、與臺灣仕紳唱和酬作等手段，拉攏臺灣的仕紳。張李德和亦有多首詩作紀錄了這類政治往來，如〈府展特選蒙小林總督閣下特賞之賜及御買上之榮謹賦誌感奉呈〉、〈兒玉將軍光臨適蘭開感賦〉、〈訪小林督憲暨夫人〉、〈武藤元帥夫人作歌並賜揮毫感賦〉等。

而到了國民政府時代，即便「國語」從日語轉換成中文，漢字文化圈的言文分離特性依然持續發揮作用，臺灣仕紳仍然能用漢詩與國民政府的黨政高層交流。張李德和仍有不少提及林森、于右任、白崇禧、張道藩等政府要人的詩作，即可見一斑。

問題與討論

1 從〈畫菊自序〉的內容和典故看起來，你覺得張李德和對自己的畫作評價如何？從哪裡可以判斷出來？

2 如果純粹閱讀〈畫菊自序〉的文章內容，不依靠題解、作者欄位，你能夠辨認出這位作者的性別嗎？如果可以，你是從哪裡判斷出來的？如果無法，你覺得作者為何不更明顯地表現出自己的性別？

3 綜合本課所提供的作品，你能否描述張李德和的人格特質和生活狀態？

寫作練習：「用典」手法

「典故」是一種常見的文學手法，指的是用少數幾個關鍵字當線索，讓讀者聯想到過往的故事。這樣寫的好處，是作者可以用非常少的篇幅，就表達很豐富的涵義。我們日常生活中用的許多成語，也常常是一個特定的典故，如「老當益壯」指的是漢代的馬援，而「一字千金」指的是戰國時代的呂不韋。而作者選用的典故，也往往暗示了作者心中的想法，比如〈畫菊自序〉當中使用了「蔡女」、「管夫人」等女性藝術家的典故，就暗示了張李德和身為女性、卻有不凡志向的自信。

請寫一段一百五十字以內的段落，主題不限，但內文必須包含至少一個本課所提到的典故。你不一定要使用跟張李德和一樣的關鍵字，也可以是同一故事的其他關鍵字（比如將「蔡女」改為「文姬」）。

延伸閱讀

文字

1 謝里法，《日據時代臺灣美術運動史》，藝術家，一九九五。

2 黃美娥，《重層現代性鏡像：日治時代臺灣傳統文人的文化視域與文學想像》，麥田，二〇〇四。

3 劉益昌、高業榮、傅朝卿、蕭瓊瑞，《台灣美術史綱》，藝術家，二〇〇九。
4 陳培豐，《想像和界限：臺灣語言文體的混生》，群學，二〇一三。
5 馬拉拉．優薩福扎伊著，翁雅如、朱浩一譯，《我是馬拉拉》，愛米粒，二〇一三。
6 小野不由美著，王蘊潔譯，《十二國記》，尖端，二〇一五。
7 李維菁，《生活是甜蜜》，新經典文化，二〇一五。
8 楊双子，《花開時節》，奇異果文創，二〇一七。
9 維金尼亞．吳爾芙著，張秀亞譯，《自己的房間》，天培，二〇一八。

影視

1 史蒂芬．戴爾卓導演，《時時刻刻》（The Hours），二〇〇二年上映。
2 克莉絲汀．傑芙斯導演，《瓶中美人》（Sylvia），二〇〇四年上映。
3 水島努導演，《少女與戰車》（動畫），二〇一二年首播。
4 武田綾乃，《吹響吧！上低音號》（動畫），二〇一五年首播。
5 特倫斯．戴維斯導演，《寧靜的熱情》（A Quiet Passion），二〇一六年上映。
6 范儉導演，《搖搖晃晃的人間》（Still Tomorrow），二〇一六年上映。

遊戲

1 日本Falcom製作，《英雄傳說VI空之軌跡》（Trails in the Sky），二〇〇四。

第七課　童女之舞（節錄）

題　解

本文節選自曹麗娟的短篇小說〈童女之舞〉，收錄於同名小說集《童女之舞》中，主要描寫童素心與鍾沅兩位女孩曖昧相戀，最終卻因性別而未竟的情感，是臺灣同志文學的經典之一。

早年臺灣社會較為保守，對於處在社會邊緣的同志族群，也因陌生而充滿歧見。一九八七年戒嚴令解除後，社會風氣開放，追求自由與多元的聲浪湧現，同志反對歧視、追求平權運動也在這樣的環境下萌芽。一般多認為，這種外在因素造就了臺灣同志文學的黃金時期，許多經典作品皆發表或出版於這段期間。發表於一九九一年，並於一九九九年結集出版的〈童女之舞〉便是其中之一。然而，雖然發表於逐步開放的九〇年代，小說卻將兩位女主角相遇的時空設定在相對保守的七〇年代，確立了全篇壓抑的基調，刻畫了不能自由表達心意的悲哀。

「童女之舞」的題目取自舞蹈家伊莎多娜．鄧肯的自傳《死亡與童女之舞》。除此之外，小說中也提及許多西方的經典作品，這些典故呼應了小說的情節。如以改編自《羅密歐與茱麗葉》的《殉情記》來隱喻兩人戀情的不可能，或是藉由同志文學經典《威尼斯之死》來暗喻兩人的同性情誼。作品中大量引用西方作品，也是八、九〇年代臺灣同志文學的共相：由於臺灣社會風氣較為保守，為求免於歧視的傷害，同志被迫隱身暗處，難以現身，所以想要獲取同志相關的資訊與知識，只能靠國外的新聞或文藝作品中取得。另一方面，也由於「處於櫃中」的壓抑，歐美及其意象在同志文學中往往被當成能夠解放自我的夢想之地。

小說從兩位女主角十六歲相遇開始寫起，一路寫到二十八歲長大成人之後。高中兩人相遇，隨即對彼此產生好感，卻礙於性別和旁人眼光而無法坦白心中的情感。大學之後，兩人漸行漸遠，童素心交了男朋友，鍾沅則是與男、女都交往過，即使如此，青春期的曖昧情愫依舊縈繞在兩人心頭。隨著時間流逝，她們未竟的感情只能逐漸成為遺憾。本課所選的段落，即是童素心與鍾沅高中時經歷別離、重逢、再別離的段落。其中，童素心透過觀看鍾沅的身體，反思了自己的身體、自己的性別，卻也同時發現了兩人之間的界線。性別是生理的，卻也是社會的，它規範著我們的行為與思想，甚至是情感，造成了小說中的壓抑與悲傷。

作者

曹麗娟，一九六〇年生於臺灣彰化縣，畢業於淡江大學中文系。作家，亦曾長年任職《漢聲雜誌》編輯。創作文類豐富，包含小說、散文、詩等，並曾與陳明章、陳小霞合作臺語歌詞。

曹麗娟最為人所知的是小說創作。她發表的小說作品量少卻質精，獲得多次文學獎肯定。〈童女之舞〉是她的第二篇小說，亦是她的代表作，獲得一九九一年聯合報短篇小說首獎，發表後旋即因為其情感的細膩生動，觸動人心而廣受好評，並曾被改編為同名電影。

那天下午從八德新村出來，我們便乘著鍾沅那輛橙色單車在街上瞎逛，因為我月經來，沒辦法下水。「所以我好煩當女生。」鍾沅說。她提議去釣魚、溜冰、看電影……都被我一一回絕。也許是因為太熱，也許是因為期末考的壓力，也許是因為經期的情緒低潮，總之我極其躁悶不耐起來：「你不覺得我們這樣子很無聊嗎？」

鍾沅挑眉橫我一眼，沒有說話。

一路上，我坐在單車後座，目光所及剛好是鍾沅的背。白襯衫迎風鼓動，隱約可見裡頭的胸罩樣式——三條細細的象牙色帶子，一條橫過背部，兩條直越左右肩胛。我突然發現鍾沅直接就在胸罩外套上襯衫，不像我還在中間加了件背心式的棉白內衣。這遲來的發現令我恍然大悟——我和

鍾沅，都是不折不扣的女生，即使我們穿胸罩方式不一樣，即使我們來月經的時間不一樣。[a]

就在我家巷口，鍾沅讓我下車。「我很可能會留級。如果留級，我就轉學。」說完，她疾馳而去。

我凝望鍾沅遠去的背影，只覺胸中有股氣窒悶難出，脹得胸口疼痛不已。[b]

高一結束，鍾沅果然留級了。高二開學前幾天，我接到她寄來的一封短箋。

「我轉學了，再見。」

沒有稱謂，沒有署名。短箋裏夾著一小把壓扁的、碎成乾花末的桂花。秋天還沒來，我知道它當然不是那年的

a
兩人明明早就知道彼此的性別是女生，但是為什麼在這幾段中，必須透過「月經」與「胸罩」，童素心才恍然大悟，有了兩人「都是不折不扣的女生」的發現？雖然在下一段沒有明說，但是你認為，這個「遲來的發現」有何意義？

b
雖然在這裡只描寫了「我」（童素心）身體上的生理反應（「胸中有股氣窒悶難出，脹得胸口疼痛不已」），但你覺得她的情緒應該是什麼？為什麼小說不直接描寫情緒，而要寫身體感受？

桂花。

　　再見鍾沅，已是兩年後的夏天。

　　聯考過後一日下午，我倒在榻榻米上邊吹電扇邊看《威尼斯之死》，在悶熱的天候與阿森巴赫的焦灼裡，我昏昏盹[1]睡過去。睡夢中，依稀有極熟悉的呼喚自遠方傳來。「童素心……童素心……」我翻了個身，在夢境與實象之間渾沌難醒。「姐，有人找妳。」突然妹妹來推我。

　　我吃力自榻上爬起，蹣跚走出房間，穿過客廳去推開紗門。霎時，兩隻惺松睡眼被突如其來的烈焰燙得差點睜不開來——鍾沅！[d]

　　她跨坐在橙色單車上，單腳支地，另一隻腳弓起跨在我家院子的矮牆頭。一件無領削[2]肩的猩紅背心[3]並一條猩紅

c

在本課選錄的範圍之前，小說曾經描寫到鍾沅剛遇到童素心的時候，每天都會送花給她，也曾經送過桂花給她。所以即使「沒有稱謂，沒有署名」，童素心還是可能靠字跡、桂花等信物，知道這是鍾沅送來的短箋。但是，你覺得為什麼這裡要先用肯定敘述（「我接到她寄來的一封短箋」，已經確知了寄件者），再用否定敘述（「沒有稱謂，沒有署名」）？如果順序交換，效果會有何不同？

d

此段描寫打開門之後，「被突如其來的烈焰燙得差點睜不開來」。想像當時的那個畫面與主角的心境，你覺得「烈焰」可能有哪些意思？

短褲，緊緊裹住她比從前更圓熟的軀體，裸露在艷陽底下的黝黑臂腿閃閃發亮。她習慣性地撩開額前一綹[4]頭髮，頭髮削得又短又薄。

半晌[5]，我發現鍾沅也在打量我。[e]我不由得摸摸兩個多月沒剪且睡得一團糟的亂髮，再低頭看自己——寬鬆的粉紅睡袍，上面還有卡通圖案與荷葉邊[6]呢。我朝鍾沅赧然[7]一笑，鍾沅也朝我笑：「去游泳？」[f]

海邊滿是人潮。這個南臺灣的炎夏之都總沒來由的令人騷浮難安，數不清的男男女女只有把自己放逐到島的最邊緣，尋求海洋的庇護與撫慰。

我和鍾沅坐在擋不住烈陽的傘下，好一陣子沈默。

「妳都沒長啊？這件泳衣還能穿！」鍾沅忽道：「還有

[e] 兩人打開門見面的場景，應該會立刻看到對方。但為什麼此處會說「半晌」才「發現鍾沅也在打量我」？這樣的時間停頓，暗示了童素心什麼樣的心思？

[f] 在本課選錄的範圍之前，小說曾經描寫到兩人想要一同游泳，但是課文第一段則提到「因為我月經來，沒辦法下水」，所以並未成行，直到最後兩人分離。兩年後，再次見面，鍾沅立刻提議去游泳。請參酌她們上次離別時的狀態，如果妳是童素心，此時聽到「去游泳」，妳會有什麼感受？

這撮頭髮，」她側身摸摸我後腦勺，「還這麼翹。晚上帶你去剪頭髮，打薄就不翹了。」[g]

「不行，我不能剪妳這種樣子，我頭髮少，而且臉太圓。」

鍾沅兩手托住我臉頰，左扭右轉，認真端詳[8]。

「嗯。」她點點頭，「留長好了，妳留長髮一定很好看。」

接著鍾沅打開背包，探手往裡翻攪，找出一瓶橄欖油。她旋開瓶蓋，倒了些油在掌心，便繞到背後為我塗抹起來。

我想當時鍾沅的指尖一定感覺到我汗涔涔的[9]背部霎時一緊，可能她也感覺到我的顫慄了。我抑遏不住[10]地挪動身子——長到十八歲，除了我母親和妹妹，這是第一次有人

[g] 在兩人沉默過後，鍾沅一開口就說了好幾個「還」。這顯示了鍾沅什麼樣的心思？你覺得童素心聽到這些話，心裡會有什麼想法？

碰觸我裸露的肌膚，而且這人是鍾沅。「那麼怕癢！」鍾沅帶笑的聲音自身後傳來。[h]

鍾沅按住我的肩膀，在我背上輕輕搓揉——我頓時從嘈雜人聲與炙陽海風中抽離，一股不知來自何處的熱流貫穿全身，像要將我引沸、融穿一般。鍾沅的手在我背上滑動，左—右—上—下……我歙張的毛孔吸入她暖烘烘的鼻息。[11]
她的手指彷彿有千萬只，在捏著、揉著、爬著，我的身子不住往下滑，怦怦心跳催促我，催促著……啊，我整個要化成一灘水流在這沙地上……

不知過了多久，鍾沅將瓶子交到我手中。

「手腳和臉也擦擦，不然會脫皮，很痛的。」

我悠悠回神。「妳不擦？」

h

這段情節裡，童素心挪動身子的真正原因是「長到十八歲，除了我母親和妹妹，這是第一次有人碰觸我裸露的肌膚，而且這人是鍾沅」，但鍾沅卻說童素心「怕癢」。你覺得鍾沅有沒有意識到童素心挪動身子的真正理由？小說這樣寫的效果又是什麼？

「我出門前就擦過了。而且我常這樣曬，沒關係，你看我都已經曬得這麼黑。」

擦完，我將瓶子遞給鍾沅。

「想過我嗎？」突然鍾沅說。

「什麼？」我一時沒弄懂。

「算了，沒什麼。」

其實我馬上就懂了，只不知該如何回答。

「妳呢？」我問她。

鍾沅鬼鬼[12]一笑：「跟妳一樣。」[i]

黃昏後人潮逐漸退去，我和鍾沅才下水。我那在體育課被逼出來的泳技極差，只能勉強爬個十公尺，鍾沅不一樣，她根本就是條魚。她游來竄去，忽而將我按入水中，

i 此處有兩個問題。一、為什麼在這裡，鍾沅要迂迴地回答「跟妳一樣」，而不是正面回答「想」或「不想」呢？迂迴回答和正面回答的差別是什麼？二、承接前題，試思考鍾沅的問題與這段問答，為何是在擦橄欖油之後而不是之前？如果發生在擦橄欖油之前，會有什麼差別？

忽而潛入水裡扯我的腳，直鬧到我筋疲力竭，才放我回到岸上。

我躺臥沙灘靜聽濤聲。涼風襲來，鹹味淡淡，片刻間，我感到前所未有的暢快歡欣。鍾沅如此之近，海如此遼闊，沙地更穩穩實實地接納了我，一切曾委屈、憂懼、恓惶[13]無措的，都暫時遠去。

不久鍾沅也上岸了。我一動不動躺著。她掀掀我眼皮，按按我胸口，又碰碰我鼻孔。「嘿！」她叫。我不作聲[14]。「童素心！」她又叫，我依然不作聲。「妳死掉啦童素心？」鍾沅大叫：「童——素——心！」隨即往我腰側一捏。我尖叫著翻身滾開跳起來，鍾沅在一旁鼓掌大笑。

回家的路上，我們走走停停，不知哪來一股瘋勁，又哈癢又捉迷藏玩得好開心。快到我家時，鍾沅搖頭晃腦地吟哦起來：「童……素……心……」

「幹嘛？」

「沒幹嘛，你家到了。」

我才剛從後座跳下，鍾沅便調轉車頭，揚長而去。

我怔立巷口，搞不清楚鍾沅到底怎麼回事。忽地，自漆黑的馬路彼端傳來一聲驚天動地的呼喚：「童素心！」鍾沅扯開嗓子沒命放聲：「童素心！我——想——妳！」

我木然站在原處，極目凝望黑暗盡頭，隱約可見鍾沅定定不動的形影。我緩緩張開嘴，也想對那頭的鍾沅大喊。聲至喉間卻窒塞難出——那一切曾經委屈、憂懼、悽惶無措的，又蔓延周身，將我牢牢捆得動彈不得。

承接前題，鍾沅此時大喊「我想妳」，正是在回答兩人在海灘時，童素心的反問。然而，為什麼要等到這個時間點才回答，而不是之前就回答呢？

終於，鍾沅還是走了。k

k「終於」、「終究」、「最後」、「結果」、「然後」等詞，都可以做為本段小說的結尾詞。請思考這裡使用「終於」，表達了童素心怎樣的心境？如果使用其他幾個詞，讀起來會有什麼不同的效果？

注釋

1 盹睡：小睡。「盹」音「ㄉㄨㄣˇ」。

2 削肩：女子纖瘦的肩部。「削」音「ㄒㄩㄝˋ」。

3 並：和、一起的意思。

4 綹：量詞。計算髮、鬚或絲線的單位。「綹」音「ㄌㄧㄡˇ」。

5 半晌：一下子、一會兒。「晌」音「ㄕㄤˇ」。

6 荷葉邊：衣服邊緣的波浪狀裝飾，通常用於較為甜美的風格。

7 赧然：因害羞而臉紅、難為情的樣子。「赧」音「ㄋㄢˇ」。

8 端詳：詳細察看。

9 汗涔涔：形容流很多汗的樣子。「涔」音「ㄘㄣˊ」。

10 抑遏不住：忍耐不住、控制不住。「遏」音「ㄜˋ」。

11 歙張：一開一合。「歙」音「ㄒㄧˋ」。

12 鬼鬼：聰明、俏皮的樣子。

13 恓惶：驚恐煩惱的樣子。「恓」音「ㄒㄧ」。

14 作聲：發出聲音。

15 怔：發呆、發愣。「怔」音「ㄌㄥˋ」。

《威尼斯之死》

又譯為《魂斷威尼斯》，是德國作家托瑪斯・曼（Paul Thomas Mann，西元一八七五年－西元一九九五年）於一九一二年發表的中篇小說，為其代表作之一。小說主角阿森巴赫（Gustav von Aschenbach）是一名年邁的作家。某日，他為了抒解內心倦怠而前往威尼斯度假，意外在當地邂逅一位美少年，並深深為其著迷，甚至連威尼斯開始被瘟疫所籠罩，阿森巴赫亦不願離去。小說內容基於托瑪斯・曼本人的實際經驗，他曾於一九一一年與妻子至威尼斯度假，並見到一位美少年，據說在歸國以後，他就立刻寫下這部作品。《威尼斯之死》曾被多次改編為電影、戲劇而廣為人知，更成為世界知名的同志小說。托瑪斯・曼另寫有《魔山》、《浮士德博士》等小說巨著，並於一九二九年，以《布登勃洛克一家》榮獲諾貝爾文學獎。

問題與討論

1 〈童女之舞〉花了很大的篇幅描寫鍾沅與童素心兩人之間的曖昧情愫。其實曖昧並不限於同性之間的情愛，而是普世情愛中都可能發生的情況，這也是此篇小說能夠引起廣泛共鳴的原因。曖昧，意指彼此不互相表明心意，不把想法說明確；然而這樣看來，曖昧似乎容易造成理解上的誤會，並無益處，但為什麼曖昧的情況卻又這麼普遍呢？請思考曖昧在人與人的交際、交往上，可能會有什麼必要、或有什麼益處？

2 呈上題，曖昧雖然是普遍的情況，但是從小說的描述看來，鍾沅和童素心彼此具有默契、心意相通，這樣的情況下，她們兩人之間為什麼需要曖昧？此外，為什麼鍾沅在喊完「童素心！我——想——妳！」之後，兩人的結局並不是在一起，而是分離？

3 讀完〈童女之舞〉後，請思考同性之間的愛情，與異性之間的愛情，可能會有何異同？

寫作練習：伏筆

在〈童女之舞〉中，敘事者往往不開門見山直述，反倒採取迂迴的敘述，先在前面的段落埋下一個未完成的「伏筆」，之後才在後面的段落正式將之「完成」。（見表圖解）例如本課節錄開頭，童素心因為月經而無法下水（A伏筆），但是過了故事中的一年後，鍾沅才來找童素心去海邊游泳（A完成）；又如兩人在沙灘上的對話，並沒有在當下立刻對彼此表明心意（B伏筆），但到了最後，鍾沅才向童素心告白（B完成）。這樣的敘述手法，是藉由伏筆與懸宕，讓讀者在閱讀的過程裡醞釀情緒，因而有更深刻的感受。

情節	第一段	第二段	第三段	第四段	第五段
佈局	A伏筆		B伏筆	A完成	B完成

請仿照這種方式，寫一篇約四百字以內的短文，在開頭第一句內埋下伏筆，例如交代一件未完成的事情，並在結尾才讓這件事情完成；而中間的部分，則盡量是與伏筆相關，但是朝相反方向或是越離越遠的方式進行。同時，請注意要完成伏筆之前，必須有合理的連結或轉折。

延伸閱讀

文字

1 白先勇，《孽子》，允晨文化，一九九二。

2 李屏瑤，《向光植物》，逗點文創結社，二〇一六。

3 紀大偉，《同志文學史：台灣的發明》，聯經，二〇一七。

4 托瑪斯・曼著，姬健梅譯，《魂斷威尼斯》，漫步文化，二〇一七。

5 楊双子，《花開少女華麗島》，九歌，二〇一八。

6 牧村朝子著，緋華璃譯，《我從沒計畫成為一個同志》，時報出版，二〇一八。

影視

1 曹瑞原導演，《人生劇展：童女之舞》，財團法人公共電視文化基金會，二〇〇二年製播。

2 李安導演，《斷背山》（Brokeback Mountain），二〇〇六年上映。

音樂

1 楊丞琳演唱，〈曖昧〉，收錄於《曖昧》，二〇〇五年發行。

第八課　男人的撒嬌文化

題解

本文出自王浩威《台灣查甫人》，是第一章〈臺灣男人的語言——悲情也是一種撒嬌〉的節錄。「台灣查甫人」原本是於一九九三年在《中國時報》家庭版刊載的專欄，經過五年的重整、編修，最後結集出版，是臺灣男性研究的重要文獻，被行政院性別平等會設立的「Gender在這裡－性別視聽分享站」列為「悅讀性平」推薦閱讀。

作者在序言指出：「這個專欄的寫作目的是為了釐清臺灣男性（主要為漢人、中產階級、異性戀男性）所面臨的問題，在臨床上開始思考臺灣男人特有的問題和行為模式，並從其他理論（社會心理學、女性主義、精神分析、西方男性研究等）中尋找相關答案。」本書的寫作風格結合了專業知識、生活化的案例分析和幽默的評論，讀來充實卻不冷硬艱澀。

在本課中，作者提出「男人的悲情是一種撒嬌」這個觀察，藉此顛覆「男人不能示弱」、

「男人的悲情很偉大」這些傳統價值觀及刻板印象。不過，雖然文章裡的男性刻板印象被顛覆了，呈現的女性形象卻仍稍嫌刻板，可以感受到二十多年前的侷限性。在閱讀時，宜抱持批判思考與文章對話，不一定需要全盤接受。

作者

王浩威，一九六〇年生，臺灣南投人。高雄醫學院醫學系畢業，專長為兒童青少年精神醫學、家族治療、社會或文化精神醫學。目前為專任心理治療師、臺大醫院精神部兼任主治醫師、臺灣心理治療學會理事長、心靈工坊文化公司發行人。

王浩威的寫作結合了精神醫學和人文關懷，兼具知性和抒情，並且跨越文學、心理學、音樂、電影、藝術、哲學等多個領域，不管對人性還是社會皆有獨到、一針見血的見解。他的創作類型就像他的興趣一樣廣泛，著有詩集《獻給雨季的歌》，文化評論《台灣文化的邊緣戰鬥》、散文《憂鬱的醫生，想飛》、《與自己和好》、《台灣查甫人》、《晚熟世代》等書，並策劃許多精神分析、心理治療及心理衛生系列叢書。

看到「撒嬌」這個詞，讀者的心理必然是想：撒嬌？這不是只有女人和小孩才玩的把戲？怎麼會有男人的撒嬌呢？[a]

的確，以十分白話的說法，所謂的撒嬌，其實是要有幾個必要條件，才能夠成立的。關於這點，我們先從傳統的女性撒嬌談起。[b]

首先，要承認或接受「我弱你強」的現況[c]。也因為這一點，這些年來有所謂的「女性示弱哲學」出現在國內，指導女性如何以弱者的姿態來贏取更大的空間。這些「女性示弱哲學」的提倡者，通常是乍看十分新女性，其實她們的前提是默許，甚至是推波助瀾地贊成傳統父權[1]社會尊男卑女的保守態度。我們可以稱之為反女性主義的女性新保

提問

a 作者要談男人的撒嬌，卻先用反問句帶領讀者探討女人和小孩的撒嬌，你覺得作者的用意何在？如果沒有談女人和小孩，直接談男人的撒嬌，效果會不同嗎？比較第一冊的〈他鄉與故鄉〉，你覺得這兩課的開頭有何異同？

b 在此處，作者宣告他要開始談「傳統的女性撒嬌」這個議題，接下來的哪些段落是在說明這個議題？他提出了幾個論點？請把那幾段勾出來。

c 請參考題解，思考為何作者在這裡用「我弱你強」，而不是「女弱男強」？

守主義[2]。

其次，既然我弱你強，那麼「你就必須疼我、讓我、照顧我」。在連續劇裡，經常出現的女性刻板印象之一，就是一個女孩嘟嘴跳腳，用很可愛的姿態生氣地說：「我不管啦。」不管什麼呢？當然就是不管事情是非曲折，而只是一味地要求；雖然神情可憐，其實是很霸道地讓對方沒有商量餘地的，只好落入了極其弔詭[3]的結果：「因為是強者，也就應該基於照顧對方的緣故而聽對方的話。」強者不是發布命令，而是服從命令的弔詭現象。d

於是，依上述的兩個必要條件，撒嬌其實就是一種人際關係上「扮豬吃老虎[4]」的效應，表面的弱者反而成為了實際操縱局勢的權力擁有者。在這種人際關係的權力互動中，

d 這一整段，作者定義為「傳統的女性撒嬌」，以你的觀察，現代的女性也是這樣嗎？

真正使這一切發生作用的最大動力，其實也就是在父權結構中強迫自己擔任強者角色的傳統價值觀：女人（傳統的弱者）知道了男性急著對自己、也對整個社會來證明自己是強者的強烈渴望，於是發展出這一種反敗為勝的技巧。

然而，社會上的弱者並非只有女性，還有小孩、老人等等。小孩子的撒嬌同樣是滿足了父母親的強者心態（「爸爸好棒喔」、「媽媽最疼我了」），而獲得他們所需要的保護，以及進一步的利益，如玩具、手足之間最受寵的地位等等。

至於老人呢？傳統的老人角色是家族裡一言九鼎的長老，是絕對的強者；現代的老人卻是成為大家庭瓦解以後的負擔，沒有未來可能性的角色，也就成為這個社會新產生的弱者。因為是新的弱者，經驗、智慧的累積還不足，也就還沒發展出一套有力的弱者文化。

至於男人呢，表面總是扮演強者的男人其實也有一套撒嬌文化，在偶然的情形下還是會淋漓盡致的發揮。

雖然男人淪為弱者只是偶一為之，但在人類發展歷史上這套撒嬌文化已是由來已久，反而有著豐富而細膩的運作方式。而且，也因為只是偶一為之，平常的強者幻影反而適當地遮掩了這一切迅速的轉換，甚至還豐富了男人撒嬌的威力。

男人的撒嬌跟女人最大的不同是在於肢體行為上。女人撒嬌的動作幅度是極大的，所謂「一哭二鬧三上吊[5]」就是典型的例子，更不用提嗲聲嗲氣[6]或充滿驚訝、假裝無知的崇拜口氣了。然而，男性卻是恰恰相反。

第一冊〈燭之武退秦師〉中，燭之武拒絕鄭伯的說法「臣之壯也，猶不如人，今老矣，無能為也已」，你覺得可以算是一種老人的「弱者文化」或「撒嬌文化」嗎？為什麼？

平常習慣於強者姿態的男人，在聲音和舉止上總是極有威力的。這一點，單單看看男人的服飾，不論西裝或中山裝[7]，都是強調兩個肩膀墊得堅硬挺直就可以看出來了。然而，剎那間淪為弱者的男性，反而因為縮斂[8]了的舉止行為，特別引人憐愛。[f]

當強者無往不利的優勢，忽然受到絕對性的致命打擊，特別是連傳統父權社會的所有法理情都站不住腳了，這時，男人扮弱者的撒嬌行為就出來了。

如果說，女人撒嬌的特色是「嗲」和「鬧」；那麼男人的撒嬌就是「悲壯」和「委屈」。想想看，罷官求去的王建煊[9]或高新武[10]，面對緋聞而辭窮的胡瓜[11]，到新光大樓頂層仰望天地的施明德[12]……，那一位不是以縮斂不動的舉止，來

f 你同意作者在此所說的「示弱的男人，特別引人憐愛」嗎？請說明你的理由。

散發出無比力量的「悲壯」和「委屈」。g

這時，周邊眾人原是咄咄逼人或義正詞嚴的，如今也因為他委屈受欺負的可憐模樣，而感覺自己「雖然有道理，不過似乎有些欺人過甚了」這樣的罪惡感，也就放他一馬，甚至更覺得對他有所虧欠。男人的撒嬌，比女人更厲害的也就是在這裡：一方面是「普天之下沒人了解我」的委屈模樣，另一方面就是製造出「大家都對不起他」的這種愧疚感。

從近年來的朝野兩黨大人物動不動就落淚，到現代市井小民的家庭生活中越來越多的酗酒丈夫，整個臺灣其實充滿著從來沒被注意到的男人撒嬌文化，讓男人能在變遷的社會中，繼續擁有傳統的優勢。

g 作者舉例女性撒嬌時是用連續劇裡的私領域事件，而男性是公眾領域，你認為這兩種情況可以類比嗎？為什麼？

男人的悲情只不過是另一種撒嬌方式罷了。然而，因為刻板的性別印象，我們往往稱女人的孩子氣為撒嬌，而男人則是悲情。其實從悲情到撒嬌，都是同樣的人際互動；只不過是男人更擅長這種掌握的方式，顯現出來的模樣是屬於更高層次的段數罷了。

注釋

1 父權：學術名詞，指的是以男性為中心的社會制度與權力運作。

2 反女性主義的女性新保守主義：意指一種「將傳統觀念偽裝成開明的說法」，從而維持男女不平等地位的思想。「女性主義」為學術名詞，指以女性經驗為出發點，追求性別平權的社會理論與政治運動。「保守主義」為學術名詞，指的是反對變動現狀、反對改變社會傳統的思想。

3 弔詭：奇異、怪異。

4 扮豬吃老虎：比喻裝成弱者讓對手疏忽，再趁機贏得勝利的手段。

5 一哭二鬧三上吊：過去指女性鬧脾氣的手段。此一詞彙有性別刻板印象的意涵，不建議正面使用。

6 嗲聲嗲氣：形容聲音嬌媚、造作。「嗲」音「ㄉㄧㄝ」。

7 中山裝：一種服裝的樣式。直領，上身左右各有兩個口袋，下身同西裝。由孫中山仿童子軍服裝格式而制定，故稱為「中山裝」。

8 縮斂：約束、節制。「斂」音「ㄌㄧㄢˋ」。

9 王建煊（西元一九三八年—）：生於中國安徽，曾任中華民國財政部長、立法委員、監察院長。一九九〇年在擔任經濟部政務次長時期，以「何時該鬆手」為由，宣布辭職，表示「離開二十八年的公務員」，結果在兩個月內轉任財政部長。

10 高新武（西元一九四九年—西元二〇一〇年）：生於臺灣新竹，曾任桃園地檢署檢察官、《自立晚報》總主筆，並為新黨創黨成員之一。一九八九年擔任桃園地檢署檢察官期間，爆發司法史上有名的「吳蘇案」。在六個月後，宣布辭去檢察官職位，抗議政治介入。

11 胡瓜（西元一九五九年—）：生於臺灣苗栗，為知名藝人，有「綜藝大哥」之封號。

一九九四年被一名酒店公關指控性侵害，一度危及其演藝事業。

12 施明德（西元一九四一年—）：生於臺灣高雄，為臺灣民主運動與人權運動之重要領袖，曾任立法委員、民主進步黨黨主席。

問題與討論

1 縱觀全文，不同性別的撒嬌模式，真的截然不同嗎？根據生活中的經驗，你同意作者的見解嗎？

2 作者在文中講了一個跟刻板印象（男性不會撒嬌）相反的論點，請舉出一個生活中常見的刻板印象，並且說明它與事實不完全相符之處。

3 在這篇文章裡，「示弱」比較偏向負面的意義，但又有許多心理學書籍建議我們，不逞強、適當向別人求助是好的。你比較同意哪一種看法？為什麼？

寫作練習：
「總、分、總」的寫作結構

在論說文和說明文的寫作時，最有效率的寫法便是採用「總、分、總」的寫作結構。這種結構，是把一個主題切成三個區塊，並且依照順序來鋪陳。第一個區塊是點明「作者想表達的主題」，有時還會點出「這個主題共有幾個要點」，共佔一段。第二個區塊則是依序說明每一個「要點」，每個要點一段。第三個區塊重申這個主題，說明作者的「結論」。在〈男人的撒嬌文化〉的第二段到第五段，就是採取這種結構。

	總	分	總
結構	1.你想要表達的主題 2.這個主題共有幾個要點	3.要點一 4.要點二	5.重申主題，說明結論
文章對應	1.「關於這點，我們先從傳統的女性撒嬌談起。」 2.「所謂的撒嬌，其實是要有幾個必要條件，才能夠成立的。」	3.「首先，要承認或接受『我弱你強』的現況。」 4.「其次，既然我弱你強，那麼『你就必須疼我、讓我、照顧我』。」	5.「於是，依上述的兩個必要條件，撒嬌其實就是一種人際關係上『扮豬吃老虎』的效應，表面的弱者反而成為了實際操縱局勢的權力擁有者。」

請仿照「總、分、總」的寫作結構，論述「你所就讀的高中是否應該廢除制服」，完成下表五個步驟。請選擇「是」或「否」的立場來作答，五個步驟都必須是一個完整的句子。

	總	分	總
結構	1.你想要表達的主題 2.這個主題共有幾個要點	3.要點一 4.要點二	5.重申主題，說明結論
文章對應			

延伸閱讀

文字

1 成英姝，〈The Piano〉收錄於《公主徹夜未眠》，聯合文學，二〇〇五。

2 黃結梅，《打開男性：陽剛氣概的變奏》，中華，二〇一四。

3 王定國，《敵人的櫻花》，印刻，二〇一五。

4 丹・金德倫、麥可・湯普森著，吳書榆譯，《該隱的封印：揭開男孩世界的殘酷文化》，商周出版，二〇一六。

5 陳方隅，〈為什麼台灣政治人物喜歡裝可愛？《撒嬌世代》的解答〉，菜市場政治學，二〇一八。

繪本

1 提利・勒南（文），戴爾飛（圖），謝蕙心譯，《薩琪到底有沒有小雞雞？》，米奇巴克，二〇一五。

影視

1 九把刀導演，《那些年，我們一起追的女孩》，二〇一一年上映。

2 彼特・達克特導演，《腦筋急轉彎》（Inside Out），二〇一五年上映。

3 涅提・帝瓦里導演，《我和我的冠軍女兒》（Dangal），二〇一七年上映。

4 沈可尚導演，《幸福定格》（Love Talk），二〇一八年上映。

音樂

1 沈文程演唱，〈男兒的心聲〉，收錄於《尼漾河上的月光》，二〇〇六年發行。

2 茄子蛋演唱，〈浪子回頭〉，收錄於《卡通人物》，二〇一七年發行。

第四單元

中國文學史——漢魏六朝

導言
中國文學史——漢魏六朝

這個單元接續第一冊第四單元的「先秦」，要帶各位認識「漢魏六朝」的文學變遷。在年代上，先秦與六朝之間還隔著「秦代」，不過就整體的歷史發展來說，秦代所佔的時間不長，社會也處在劇烈變動之中；而談文學發展，也不必侷限於「朝代」。所以，秦代的文學我們暫時先不花時間處理，將重點放在從先秦到漢魏六朝的大時代脈動上，概略觀察這段時期的變化。

在討論文學史演變時，可以將演變的原因分為「外部」與「內部」兩種：社會變遷就是所謂的「外部原因」，包括政治、經濟等層面；而作家對前期作品的繼承、改作、批判以及反思，由此形成新的文學風氣、產出新的作品，則屬於所謂的「內部原因」。

「漢魏六朝」階段的文學史很複雜，以文類來說，大致可分為：賦、散文、樂府、古詩以及駢體文。以下我們將分別討論各個文類的發展，理解造成這些文類演變的「內部原因」與「外部原因」。

一、賦

漢帝國建立後，中國的政治局勢漸趨穩定。社會繁榮與文明強盛，為這個時代的文學提供了新的養分。

此時最具代表性的文類就是「漢賦」。「賦」是指一種「鋪陳」的寫作手法，後來在使用上多作動詞，有「誦讀」的意思。戰國時荀子寫了〈賦篇〉，是今日所知最早以「賦」為篇名的作品。到了漢代，以賦為篇名的作品開始大量出現，大致上可理解為一種介於「詩」、「文」之間的韻文。「賦」與戰國時的《楚辭》淵源很深，從西漢初期便出現了一些抒情的賦作，延續了屈原等人的抒情方式，表達了對個人不遇、生命無常的慨嘆。

漢賦的發展與帝國的空前統一脫離不了關係。漢代自「文景之治」以後，國家漸趨穩定，統治階級的力量得到肯定。君王開始建造華美的宮殿、進行一次次鋪張的田獵宴遊，這些榮華勝景為漢賦提供了豐富的題材。

另一方面，由於西漢天子、王侯的獎勵提倡，讓漢賦進入最興盛的時期。君王及貴族投入資源，培養了不少「文學侍從」，使寫作漢賦成為文人求取功名的重要手段之一。如極具代表性的漢賦名家司馬相如，即因獻了〈上林賦〉而得官。

這些處身宮廷之中的文人，能夠直接以宮廷題材作文章，也讓這類作品有些歌功頌德、甚至娛樂貴族的性質。文人以鋪張華麗的辭藻堆疊出恢宏的氣勢，篇幅也越寫越長，更可見許多誇張渲染的筆法，被稱之為「大賦」。

而到了東漢後期，一方面因為舊有的題材已難再有新意，鋪張華麗的大賦逐漸失去舞台。取而代之的是各種抒情寫物的「短賦」。此後，「賦」便成為一種特別的體裁，因為人們寫作方式的改變、內容的開拓，而在各代產生新的樣貌。

漢賦的發展，是政治力影響文學的典型例子。之後仍有許多時代會出現所謂的「宮廷文學」，官方的力量確實會對文學發展造成不小的影響，這個現象值得注意。

二、散文

延續先秦文學的發展，漢代的散文可分為三個部分：史傳散文、政論散文以及哲理散文。

「史傳散文」延續了先秦的史傳文學，以司馬遷的《史記》為代表。從數量上來看，史傳散文並非漢代寫作的主流。然而，司馬遷《史記》在中國文學史上有舉足輕重的地位，使得人們在談到漢代文學發展時，無法忽略它的成就。本單元選入的〈鴻門宴〉便是出自《史記》。

《史記》對後代造成的影響，大致有以下幾點：

首先，《史記》開創了「紀傳體」這種史書體例，而被後代所有正史沿用。這影響了人們看待歷史的方式，形成一種以「人」為本位的歷史思維。這樣的敘述模式甚至影響了古典小說的情節安排、結構等。《史記》對人物的描寫十分簡練深刻，司馬遷善於透過人物間的言行互動凸顯人物的個性、人格，選擇的題材也都十分具有代表性，這些情節剪裁、刻畫人物的方式，也深深影響後世的史書與小說。

其次，司馬遷的筆法不尚雕琢、堆疊，不常使用駢儷對偶的句式，用語自然且質樸，但字字句句精準，使筆下人物栩栩如生。這樣「散行單句」的形式，與講究齊整對偶、「駢行偶句」的「駢文」相對，被稱之為「散文」。司馬遷常被視為散文寫作的楷模，如唐宋的古文運動、明代的前後七子等等，都將《史記》當作是古典散文的模範，足見其影響力。

除了「史傳散文」之外，「政論散文」與「哲理散文」其實都可以視為先秦哲理散文的延續。先秦的哲理散文談的幾乎都是政治問題，只是論者未必有機會實際投入。到了漢代，社會形態不同了，文人能夠直接討論具體的政策，多了許多表達看法的舞台，政論散文便有了基礎的邏輯論證。如賈誼的〈治安策〉、〈過秦論〉、晁錯〈論貴粟疏〉、王充〈論衡〉等，內容包含了對歷史軼事的記載、詮釋，或針砭、議論當代課題，抑或陳述個人的理念、看法。

三、樂府與古詩

先秦時的詩歌以《詩經》及《楚辭》為代表，《詩經》的作者沒有留下名字，後人沒辦法將作者個人的生命際遇與作品合起來看。《楚辭》最主要的作者是屈原，其次為宋玉，雖說某些作品是否由屈原所作仍有爭議，但著名的幾篇〈離騷〉、〈九歌〉、〈天問〉等大致是確定的，已頗能與他的人生互相對照，看見作者創作意識的輪廓。

漢代則是中國詩歌發生重大變革的時代，漢初君臣與楚文化的淵源很深，詩歌創作也深受《楚辭》影響。兩漢詩歌主要可分為「樂府」與「古詩」兩個類型。「樂府」指的是曾「入樂」的詩歌，「古詩」則多半由文人創作，未經音樂性的編排。

「樂府」本是漢代的官署名，掌管朝廷的音樂、演奏事務。在先秦時已有類似的政府機構，到了漢初設立樂府，處理郊廟祭祀時的音樂，直至漢武帝才擴充樂府的規模與職務範圍。與《詩經》中的「國風」類似，當時的樂府也曾派人至民間採集歌謠，目的是「觀風俗，知厚薄」。以當時的社會情況，只有官方才擁有較具規模的樂器。而所謂「入樂」，指的應是配樂演唱，這個程序必須由專業的宮廷樂師完成。

這些音樂已難以還原，但「樂府」歌詞最初畢竟來自民間，相當程度反映了當時的社會情形，具有某些時代共性。這種特質演變成一種「樂府精神」，在後代持續發揮影響力。

「樂府精神」最重要的特色在於反映社會現實，有別於文人創作的詩歌。除了郊廟祭祀的歌曲外，「樂府」有很大一部份來自民間。這部分的民謠有強烈的庶民色彩，暴露了現實社會的黑暗面，反映底層人民的心聲和集體困境。大多數的樂府沒有作者的名字，甚至可能不是一人、一時、一地的作品，是以這些作品所連結的生命更為廣大，能夠充分反映那個時代的社會面貌。

與這樣的庶民性相對的，是屬於文人的創作。在漢代，文人仍繼續創作詩歌，但關心的事物顯然與民間有別，多半是對個人榮辱、生命流逝的慨嘆，或是抒發個人的抱負、情感的作品。這些詩歌被稱為「古詩」，主要是為了與唐以後興起的「近體詩」作區別，是在格律、規範尚未形成嚴格標準的年代，所創作的詩歌。即使某些古詩如同樂府一般沒有留下作者姓名，但這些作品所關懷的主題仍與民間的歌謠不同。最有名的作品為《古詩十九首》，是東漢古詩的代表。

到了漢末建安時期，文壇上出現「三曹父子」、「建安七子」這樣的指標性人物，為中國文學豎立了重要的里程碑。建安時代的文學後來被稱為「建安風骨」，指的是這個時期的作品有現實面的批判性，從文人階層的角度反映了漢末社會動亂的情形，有慷慨蒼涼的特色。

這個時期的創作與作者個人的生命連結又更明確、強烈了一些。許多作品展現了作者個人的理想、懷抱，文辭中透露著對世界的關懷與期許，調性剛健明亮。

儘管庶民與文人觀看世界的角度不同，但這兩個視角並不是截然二分的。民間文學要經過文人之手，才能被記錄下來；文人的創作，也會從民間汲取重要養分。

隨著時代發展，階級流動與社會變遷往往會為文學注入新的能量，在新的時代開枝散葉，成就不同的文學風景。六朝時文人創作的詩歌十分多元，既有帶有神仙、長生色彩的「游仙詩」，有探討生命玄理的「哲理詩」，有擅長詠物、辭藻精緻華美的「宮體詩」，有描寫農村生活和田園風光的「田園詩」，有將自然之美引進詩中的「山水詩」，當然更不乏抒發個人情志的作品。

同時間的民間歌謠也十分精彩。複雜的政治局勢加上地域差異，使中國南北方形成了不同的文化。民間歌謠最能體現各地的地方色彩，我們在觀看這個時代時，也必須持續注意地理因素對文學作品的影響，不應將中國想像為有高度一致性的文化體，各個地方因著特殊的風土民情、歷史因革，往往會呈現不同的面貌。

最能體現北朝地域特色的是帶有質樸色彩的「北方民歌」。這些民歌主要源於黃河流域，作者主要為鮮卑族人，但也有其他民族的作者。作品多以北方民族的語言寫成，有些後來被譯為漢語。不過，這些民歌會被流傳下來，主要還是傳入南朝後由樂府機構收錄的結果。是以我們今日在看待北朝民歌時，仍難完全擺脫漢人視角。這些譯成漢語的作品多少已受到漢文化影響，或者直接呈現了「漢人眼中的北方民族」之生活樣貌。其中最有名的就是〈敕勒歌〉，「天蒼蒼、野茫茫」等簡單的句子，勾勒出北方獨有的風光。

南方民歌最值得注意的是「吳歌」、「西曲」。吳歌主要源於長江中下游，西曲則產生於長江中游以及漢水兩岸。「吳歌」、「西曲」最初是市井間流行的民謠，多由歌妓演唱。歌詞多寫男女離情相思，大多皆以女子口吻寫成，文辭淺白情感動人，後來也受到士人、貴族的喜愛，成為上層社會遊宴場合的演唱曲目。文人創作後來受到這些民歌影響，在音律、辭藻運用上又有了新的開展，這就是文人自民間汲取創作養分的典型例子。

四、駢文

「駢文」，因多為四字或六字相對，又稱四六文。由於中國文字的特性，兩兩相對的偶句形式出現很早，早在《尚書》中就有類似的手法。在先秦兩漢時期，許多文章都會出現大量的對偶句，漢代鋪張的「賦」便很愛用對句來堆疊出文字的氣勢。

駢文真正盛行的時代是魏晉到齊梁，尤以南朝的齊、梁兩代為寫作高峰。許多人認為六朝的「駢文」與兩漢的「辭賦」有很深的淵源，也有人容易將兩者混淆。然而，文類的區分本不那麼絕對，若要嚴格界定，「辭賦」屬於韻文，在用韻上還是有一定的條件。「駢文」則只要句式整齊、兩兩相對即可，用韻上並沒有要求，屬於非韻文。

過去，人們受到唐宋以來的觀念影響，普遍認為駢文專尚辭藻華麗、內容空洞，更有許多人將政治的昏亂、國家的衰敗，歸咎於這一類追求華美形式的寫作風氣，使「駢文」背負許多污名。但事實上，將崇尚華麗辭藻的寫作風氣，直接視為世道昏亂的原因，可能還欠了許多重要的論證。換個角度來看，此二者之間究竟孰為因孰為果，可能就要費一番心思來釐清。無論如何，將文學視為世衰道微的原因，畢竟是過於武斷了。

六朝的駢文在文學史上有許多貢獻，在文字上作了許多嘗試，更開拓了許多新的寫作領域，為後來的文學發展累積了不少能量，這些都是值得注意的。

結語

除了上面提到的這些文類，漢魏六朝的文學演變過程，仍有許多重要的內容沒辦法在這裡談及。譬如兩晉、南朝的詩歌，或是某些在當時未形成流行、影響力卻在後代發酵的文人（如陶淵明）。這固然有些可惜，但礙於篇幅也只能暫時擱置。

學習這一時期文學史最重要的目的，本也不在記憶這個複雜時代種種繁瑣的知識及作品。我們希望透過這個章節傳達的重點，在於看見文學作品之間的傳承與演變關係，即所謂「內部原因」；以及理解政治、經濟、社會與地理等因素，對文學產生影響的「外部原因」。最後，本單元還提出了庶民文學與文人創作的差別，也談了兩者如何互相影響，這些都值得我們反覆思索、探討。

第九課　鴻門宴

題　解

本課節選自《史記．項羽本紀》。〈項羽本紀〉是司馬遷諸多傳記中非常受重視的一篇。「本紀」本是記述帝王才會使用的分類，項羽未曾稱帝，但司馬遷認為他不但推翻秦朝有功，更在秦朝覆滅以後分封王侯，實際上已掌握當時政局，故仍將項羽寫入「本紀」。由此可見，司馬遷對項羽有高度評價，也意味著他在寫作《史記》之時加入了很多個人情感與判斷。《史記》是一本史書，而非虛構的創作，司馬遷記錄的史事大多都有所根據。但即使如此，在寫作個別篇章時，何事該詳？何事該略？何人值得被寫入歷史？都在作者的掌控之中，我們可以從中看見作者的主觀意識。

中國自古以來就並非一個統一的文化體，而是由不同的地方文化共同組成的。這些地方文化，各自有著不同的面貌與色彩，彼此之間交互影響。從〈鴻門宴〉中，我們便可以看見「楚文化」的痕跡。漢代初年的文化與楚文化關係頗深，在語言、風俗上都受到楚地影響。而項羽的祖父是楚國名將項燕，項家與楚王室的關係很好，世代都是家臣。秦滅楚之後，楚地人民依然對楚國王室有著無法磨滅的情感，項羽最初起事之時，亦擁立楚王室後裔為懷王，以此號召群眾。

而在文化上，楚文化較為感性，有著神秘色彩與浪漫情懷。在司馬遷筆下，項羽直到烏江自刎前，仍率領為數不多的兵士繼續廝殺，姿態瀟灑，絲毫沒有任何失敗氣息。這個由司馬遷所建構出來的「力拔山兮氣蓋世」之「楚霸王」形象，便成了流傳後世的經典文化形象，深植於人心之中。

作者

司馬遷（西元前一四五年—西元前〇八六年），字子長，西漢左馮翊夏陽（今中國山西省）人，主要活躍於漢武帝時期。他之所以為人熟知，是因為他所撰寫的《史記》，對中國的史學和史書產生了重大的影響。

司馬遷撰寫《史記》的動機，一部份來自父親遺命，一部份來自自身使命感。司馬遷之父司馬談即為「太史令」，是負責撰寫史書的官員。他在臨終時告訴司馬遷：「余死，汝必為太史；為太史，無忘吾所欲論著矣。」其父死後三年，司馬遷正式繼承太史令之位，便開始著手撰寫《史記》。

在西元前九十九年，司馬遷由於為投降匈奴的將領李陵辯護，因此遭到「宮刑」的刑罰。然而，他仍然忍辱寫作，盡力完成《史記》。在遭到宮刑後，他自言寫作《史記》是為了「窮天人之際，究古今之變，成一家之言」的使命感。而司馬遷之所以會遭到宮刑，檯面上的原因是為李陵辯護，真正的原因與《史記》仍脫不了關係。當時的君王漢武帝，對內容並不甚滿意，認為司馬遷貶損了自己。

在帝制時代，史官提出自己對歷史的評價時，便有可能得罪當權者，甚至引來人身之禍。史官與執政者之間的拉扯、對抗和妥協，最終都會影響史書所呈現出來的歷史面貌。因此，我們在閱讀史書時，不應輕易將之認定為客觀的歷史事實，更要注意政治和作者的觀點之間的交互影響，如何產生了我們所看到的歷史詮釋。

楚軍[1]夜擊，阬[2]秦卒二十餘萬人新安[3]城南。行略定秦地[4]。函谷關[5]有兵守關，不得入。又聞沛公[6]已破咸陽[7]，項羽[8]大怒，使當陽君[9]等擊關。項羽遂入，至於戲西[10]。沛公軍霸上[11]，未得與項羽相見。沛公左司馬[12]曹無傷[13]使人言於項羽曰：「沛公欲王[14]關中，使子嬰[15]為相，珍寶盡有之[16]。」項羽大怒，曰：「旦日[17]饗[18]士卒，為擊破沛公軍！」當是時，項羽兵四十萬，在新豐鴻門[19]，沛公兵十萬，在霸上。范增[20]說[21]項羽曰：「沛公居山東[22]時，貪於財貨，好美姬。今入關，財物無所取，婦女無所幸[23]，此其志不在小。吾令人望其氣，皆為龍虎，成五采，此天子氣也[a]。急擊勿失。」[b]

楚左尹[24]項[25]伯者，項羽季父也，素善[26]留侯張良[27]。張良是

提問

a 范增認為劉邦「有天子氣」，你覺得這樣的說法，是做出決策的好理由嗎？綜合這整段，如果要幫范增想像一個比較合乎科學的解釋，你覺得范增真正想表達的意思是什麼？

b 請比對曹無傷與范增兩人對項羽講的話。他們都提供了關於劉邦的情報，但兩人提供的情報有何不同之處？如果你是項羽，這樣的不同會如何影響你的決策？

時從沛公，項伯乃夜馳之沛公軍，私見張良，具告以事，欲呼張良與俱去。曰：「毋從俱死也。」張良曰：「臣為韓王送沛公，沛公今事有急，亡[28]去不義，不可不語。」良乃入，具告沛公。沛公大驚，曰：「為之奈何？」張良曰：「誰為大王為此計者？」曰：「鯫生[29]說我曰『距[30]關，毋內諸侯[31]，秦地可盡王也』。故聽之。」良曰：「料大王士卒足以當[32]項王乎？」沛公默然，曰：「固不如也，且為之奈何？」張良曰：「請往謂項伯，言沛公不敢背項王也。」沛公曰：「君安與項伯有故[33]？」張良曰：「秦時與臣游，項伯殺人，臣活之[34]。今事有急，故幸來[35]告良。」沛公曰：「孰與君少長[36]？」良曰：「長於臣。」沛公曰：「君為我呼入，吾得兄事之[37]。」[c]

[c] 在這一段中，劉邦向張良打聽到哪些關於項伯的情報？你覺得劉邦為什麼要問這些問題？

張良出，要項伯[38]。項伯即入見沛公。沛公奉卮酒為壽[39]，約為婚姻[40]，曰：「吾入關，秋毫不敢有所近，籍吏民[41]，封府庫，而待將軍。所以遣將守關者，備他盜之出入與非常[42]也。日夜望將軍至，豈敢反乎！願伯具言臣之不敢倍德[43]也。」項伯許諾。謂沛公曰：「旦日不可不蚤[44]自來謝[45]項王。」沛公曰：「諾。」於是項伯復夜去，至軍中，具以沛公言報項王。因言曰：「沛公不先破關中，公豈敢入乎？今人有大功而擊之，不義也，不如因善遇之[46]。」[d] 項王許諾。[e]

沛公旦日從[47]百餘騎來見項王，[f] 至鴻門，謝曰：「臣與將軍戮力而攻秦，將軍戰河北[48]，臣戰河南，然不自意能先入關破秦，得復見將軍於此。今者有小人之言，令將軍與臣

d 項伯本來只是來勸張良逃走，為什麼改變立場，開始幫助劉邦？劉邦做了什麼關鍵的舉動，讓他獲得項伯的幫助？

e 項羽本來要攻打劉邦，此刻卻改變心意，你認為理由為何？從哪些文字可以看出來？

f 在這篇文章中，司馬遷以「沛公」稱呼劉邦、「項王」稱呼項羽。請你搜尋歷史資料，說明「公」跟「王」兩個稱呼有什麼差別？由此，你能否看出兩人的關係？

g 前面的范增告訴項羽，說劉邦有「天子氣」。如果你是項羽，看到劉邦此刻的態度，你會同意范增的說法嗎？為什麼？

有部[49]。」[g]項王曰：「此沛公左司馬曹無傷言之；不然，籍何以至此。」[h]王即日因[50]留沛公與飲。

項王、項伯東嚮[51]坐。亞父南嚮[52]坐。亞父者，范增也。沛公北嚮坐，張良西嚮侍。[i]范增數目[53]項王，舉所佩玉玦[54]以示之者三，項王默然不應。[j]范增起，出召項莊[55]，謂曰：「君王為人不忍，若入前為壽，壽畢，請以劍舞，因[56]擊沛公於坐，殺之。不[57]者，若屬[58]皆且[59]為所虜[60]。」莊則入為壽，壽畢，曰：「君王與沛公飲，軍中無以為樂，請以劍舞。」項王曰：「諾。」項莊拔劍起舞，項伯亦拔劍起舞，常以身翼蔽[61]沛公，莊不得擊。於是張良至軍門[62]，見樊噲[63]。樊噲曰：「今日之事何如？」良曰：「甚急。今者項莊拔劍舞，其意常在

h 劉邦和項羽，都從對方的部下那裡獲得重要的情報。比較「劉邦對待項伯的態度」和「項羽對待曹無傷的態度」，你覺得誰的作法更容易獲得支持？項羽直接對劉邦講出曹無傷說了什麼，可能會造成什麼樣的後續影響？

i 請簡單畫出人物座位的相對位置圖。在這個座位配置下，你覺得下一句「范增數目項王，舉所佩玉珏以示之者三」的暗示，是否只有項羽和范增兩人看見？這會對接下來的局勢造成什麼影響？

j 「項王默然不應」這個動作有兩種常見的解釋，一種認為是項羽優柔寡斷、無法下定決心殺劉邦；一種認為項羽是已經決心不殺劉邦，拒絕范增的暗示。你覺得哪一種解釋比較可能？為什麼？

沛公也。」噲曰：「此迫矣，臣請入，與之同命。」噲即帶劍擁盾入軍門。交戟[64]之衛士欲止不內，樊噲側其盾以撞，衛士仆地[65]，噲遂入，披帷[66]西嚮立，瞋目[67]視項王，頭髮上指，目眥盡裂[68]。項王按劍而跽[69]曰：「客何為者[70]？」張良曰：「沛公之參乘[71]樊噲者也。」項王曰：「壯士，賜之卮酒。」則與斗[72]卮酒。噲拜謝，起，立而飲之。項王曰：「賜之彘肩[73]。」則與一生[74]彘肩。樊噲覆其盾於地，加彘肩上，拔劍切而啗[75]之。[k]項王曰：「壯士，能復飲乎？」樊噲曰：「臣死且不避，卮酒安足辭！夫秦王有虎狼之心，殺人如不能舉[76]，刑人如恐不勝[77]，天下皆叛之。懷王[78]與諸將約曰『先破秦入咸陽者王之』。今沛公先破秦入咸陽，毫毛不敢有所近，封閉宮室，

k 司馬遷在這裡仔細描繪樊噲的動作，你覺得這些動作都是真實發生的嗎？如果是，你認為司馬遷要如何取得這些資料？如果不是，你認為為什麼司馬遷還要這樣寫？

還軍霸上，以待大王來。故遣將守關者，備他盜出入與非常也。[l] 勞苦而功高如此，未有封侯之賞，而聽細說[79]，欲誅有功之人。此亡秦之續[80]耳，竊[81]為大王不取也。」項王未有以應，曰：「坐。」樊噲從良坐。[m] 坐須臾，沛公起如廁，因招樊噲出。[n]

沛公已出，項王使都尉[82]陳平[83]召沛公。沛公曰：「今者出，未辭[84]也，為之奈何？」樊噲曰：「大行不顧細謹[85]，大禮不辭小讓[86]。如今人方為刀俎[87]，我為魚肉，何辭為。」於是遂去。乃令張良留謝。良問曰：「大王來何操[88]？」曰：「我持白璧一雙，欲獻項王，玉斗一雙，欲與亞父，會其怒[89]，不敢獻。公為我獻之」張良曰：「謹諾。」[o] 項王軍在鴻門下，

l 樊噲在此說，劉邦軍之所以封鎖關卡，是為了「備他盜出入與非常也」，你覺得這是真心話嗎？請參考第一段「使當陽君等擊關」等線索，來輔助你的判斷。

m 從上述言行看起來，項羽對樊噲的評價或感覺如何？從哪些地方可以看出來？

n 根據目前你讀到的段落，你認為「鴻門宴」開始之後的項羽，有沒有想要殺劉邦的念頭？他是否曾經掙扎過或考慮過？若有，為何最後沒有動作？若無，可能的判斷原因為何？

o 劉邦自己要逃走，讓張良處理後續的局面。張良的第一反應是什麼？從中可以看出張良什麼樣的特質？

沛公軍在霸上，相去[90]四十里。沛公則置車騎，脫身獨騎，與樊噲、夏侯嬰[91]、靳彊[92]、紀信[93]等四人持劍盾步走[94]，從驪山[95]下，道[96]芷陽[97]閒行[98]。沛公謂張良曰：「從此道至吾軍，不過二十里耳。度[99]我至軍中，公乃入。」p

沛公已去，閒至軍中，張良入謝，曰：「沛公不勝桮杓[100]，不能辭。謹使臣良奉白璧一雙，再拜獻大王足下；玉斗一雙，再拜奉大將軍足下。」項王曰：「沛公安在？」良曰：「聞大王有意督過[101]之，脫身獨去，已至軍矣。」項王則受璧，置之坐上。亞父受玉斗，置之地，拔劍撞而破之，曰：「唉！豎子不足與謀[102]。奪項王天下者，必沛公也，吾屬今為之虜矣。」沛公至軍，立誅殺曹無傷。q

p 劉邦為什麼要這樣交代張良？這透露了劉邦什麼樣的心思？

q 參考前文，為什麼劉邦回到營中，第一件事就是殺曹無傷？

注釋

1 楚軍：即項羽的軍隊。此時項羽正進攻秦地，秦將章邯帶兵投降項羽。項羽擔心這些降兵不忠，於是聽取他人建議，一夜坑殺秦降兵二十餘萬人。

2 阬：阬殺，亦寫作「坑殺」。指戰爭時的大規模屠殺、濫殺。

3 新安：秦漢時縣城名，位於今中國河南省義馬市。

4 行略定秦地：該句主詞為項羽軍，意指項羽軍將要攻下秦地。「行」意為「將要」。「略定」意為「攻略平定」。

5 函谷關：中國古代著名關隘，由春秋時秦國所建。附近都是險要地形，該關隘是東西向唯一平坦的通道，地勢易守難攻，戰爭時經常成為軍事要衝。

6 沛公：指漢軍主帥劉邦（西元前二五六年－西元前一九五年）。因為從沛（在今中國江蘇省徐州市）起兵，所以自稱「沛公」。

7 咸陽：中國著名古都，位於今中國陝西省咸陽市。秦時都城所在地。

8 項羽（西元前二三二年－西元前二〇二年）：楚軍主帥，滅秦後自封「西楚霸王」。最終與劉邦作戰失利，兵敗自殺。

9 當陽君：指英布（？－西元前一九五年）。項羽部將，因戰功被封為「當陽君」。後背叛項羽，投入劉邦麾下，封為淮南王。漢朝建立後，由於劉邦誅殺其他異姓諸侯，英布因而起兵反漢，最終兵敗被殺。

10 至於戲西：來到戲水西邊。「至於」意為「來到」。「戲」為河流名，位於今中國陝西省。

11 軍霸上：駐軍在霸上。「軍」在此為動詞，意為「駐紮軍隊」。「霸上」位於今中國陝西省西安市。

12 左司馬：官名，掌管軍事、後勤的副官。

13 曹無傷（？—西元前二〇六年）：劉邦部下的將領之一。
14 王：稱王、統治，在此為動詞。音「ㄨㄤˋ」。
15 子嬰（西元前二四二年—西元前二〇七年）：秦朝最後一任皇帝，後投降劉邦。
16 有：佔有，在此為動詞。
17 旦日：明天早上。
18 饗：用酒食款待。
19 新豐鴻門：「新豐」在今中國陝西省臨潼區東北。「鴻門」於新豐東十七里，地勢狀如門道、鴻溝。
20 范增（西元前二七八年—西元前二〇四年）：楚國上將軍，為項羽最倚重的謀士，尊稱為「亞父」。最終因漢軍的離間計而失去信任，憤而離開楚軍陣營。
21 說：說服。
22 山東：崤山以東，泛指東方六國之地。
23 幸：寵愛。
24 左尹：楚國官名，在官員中地位僅次於「令尹」。
25 項伯（？—西元前一九二年）：項羽部將，也是項羽的叔父。楚漢戰爭結束後投降漢朝，因在鴻門宴中解救劉邦，被賜姓劉、封為射陽侯。
26 善：交往友善，在此為動詞。
27 張良（西元前二五〇年—西元前一八六年）：劉邦部將。祖父、父親均為韓國的相國。韓國被秦所滅之後，曾嘗試暗殺秦始皇失敗。後投入劉邦陣營，立下功績，被稱為「漢初三傑」之一。
28 亡：逃走。
29 鯫生：小人。「鯫」原意為「雜魚、小魚」，音「ㄗㄡ」。
30 距：同「拒」，防守、抵擋。
31 毋內諸侯：不要讓諸侯入關。「內」意為接納，同「納」，音「ㄋㄚˋ」。
32 當：同「擋」，抵擋、對抗。
33 有故：有交情。
34 活：救命，在此為動詞。
35 幸來：特地前來、親自前來。

36 孰與君少長：你跟對方，誰的年紀比較大？

37 兄事之：將其看作兄長般對待。

38 要：邀約，「要」音「ㄧㄠ」。

39 奉卮酒為壽：舉起酒杯，祝福對方長壽。「卮」意為酒杯，音「ㄓ」。

40 約為婚姻：約定兒女婚事，締結姻親關係。

41 籍吏民：調查戶口。「籍」，動詞，調查、登記之意，音「ㄐㄧˊ」。

42 非常：非一般情況，此指意外。

43 倍德：違背恩德。「倍」通「背」，違背。

44 蚤：早一點。「蚤」通「早」。

45 謝：道歉、謝罪。

46 因善遇之：趁機善待他。「因」意為「趁」。「遇」即「對待」。

47 從：使……跟從。此處指沛公令百餘騎兵跟從自己。

48 河北：黃河以北。下句「河南」亦同，指黃河以南。

49 郤：嫌隙、衝突。「郤」通「隙」，音「ㄒㄧˋ」。

50 因：乃、就。

51 東嚮：朝向東方。「嚮」同「向」。此處座席方位有尊卑次序，首項羽、項伯，次范增，再次劉邦，再次張良。

52 亞父：對范增的尊稱，指尊敬幾乎等同於父親。「亞」即「次」。

53 數目：多次以眼神暗示。「數」即「屢次」，音「ㄕㄨˋ」。「目」即「看」，此處指使眼色、以目光暗示。

54 玉玦：古代玉器，環狀有缺口。「玦」音「ㄐㄩㄝˊ」。「玦」與「決」諧音，范增以此暗示項羽，要他決意殺人。

55 項莊：項羽部將，也是項羽的堂弟。

56 因：趁。

57 不：同「否」。

58 若屬：你們。「若」意為「你」。「屬」意為「類、輩」等。

59 且：將。

60 虜：俘虜，在此為動詞。

61 翼蔽：遮擋、掩護。

62 軍門：軍營的門。

63 樊噲（西元前二四二年—西元前一八九年）：劉邦部將，不僅於楚漢相爭期間有戰功，漢初亦協助平定多場內戰，最高受封為相國。

64 戟：古代武器，為矛與戈混合而成的長柄武器，可以刺擊也可以劈砍。「戟」音「ㄐㄧˇ」。

65 仆：跌倒而伏在地上。

66 披帷：揭開帳棚的帷幕。「披」即「揭開」。

67 瞋目：睜大眼睛瞪人。「瞋」音「ㄔㄣ」。

68 目眥盡裂：眼眶都快要裂開了。「眥」即「眼眶」，音「ㄗˋ」。

69 跽：下半身跪坐，上半身挺直。「跽」音「ㄐㄧˋ」。

70 何為者：是誰？

71 參乘：古時乘車，坐於車右方擔任衛士者。「乘」音「ㄕㄥˋ」。

72 斗：單位詞，大約為現今兩公升。

73 彘肩：豬肩肉。「彘」即「豬」，音「ㄓˋ」。

74 生：未煮熟的。

75 啗：大口吃。「啗」音「ㄉㄢˋ」。

76 殺人如不能舉：殺人好像唯恐不能殺盡。

77 刑人如恐不勝：懲罰人唯恐不能用盡所有刑罰。

78 懷王（西元前三五五年—西元前二九六年）：楚軍的領袖。芈姓，熊氏，名心，是楚國宗室，戰國時楚懷王之孫。項梁起義時，為鞏固民心，擁立懷王為義軍領袖。因楚國百姓哀憐其祖父，遂襲用祖父稱號。秦亡後，項羽尊為義帝，後被英布奉項羽之命刺殺。

79 細說：讒言、謠言。

80 亡秦之續：指項羽此舉將重蹈亡秦之覆轍。亡秦，指已滅亡的秦國。續，接續、延續，此指重複。

81 竊：私下，自謙詞，用以表示對自己見解的不確定。

82 都尉：古代官名，比將軍職等低的武官。

83 陳平（？—西元前一七八年）：漢初名臣，以擅長謀略著稱，最高曾任丞相。陳平早年為項羽部下，後來才改投劉邦。在〈鴻門宴〉發生時，他仍然屬於項羽陣營。

84 辭：辭別。

85 大行不顧細謹：（做）大事不拘泥於小節。「細」即「小」。

86 大禮不辭小讓：（行）大禮不必計較小的辭讓。「不辭」意指不追究、不計較。「辭」有「理亂」之意，意指整理紛亂的局面，此處可引申為「追究」。「讓」指「辭讓」，是世俗、形式之禮。整句話的意思是「真正的禮，是不會去追究一般形式上辭讓等末節的」。

87 俎：砧板。「俎」音「ㄗㄨˇ」。

88 操：持，攜帶。

89 會：剛好遭遇。

90 去：距離。

91 夏侯嬰（？—西元前一七二年）：漢初名臣，從起兵之初便追隨劉邦，最高曾任太僕。

92 靳彊：劉邦部將，在楚漢戰爭中有功。

93 紀信（？—西元前二〇四年）：劉邦部將。在劉邦被項羽包圍時，假扮劉邦被俘虜，以讓劉邦成功逃脫，最終被項羽處決。

94 步走：徒步快跑。「走」在古文中為「跑」之意。

95 驪山：山名，位於今中國陝西省西安市臨潼區南。

96 道：經過，在此為動詞。

97 芷陽：古地名，位於今中國陝西省西安市東。

98 間行：抄小路、走捷徑，選擇地形的空隙走。「間」音「ㄐㄧㄢˋ」，空隙、間隙的意思，同「間」。

99 度：估計、計算，「度」音「ㄉㄨㄛˋ」。

100 不勝桮杓：指酒量不好。「勝」指「承受」，音「ㄕㄥ」。「桮杓」為飲酒器具，引申為酒。「桮」即「杯子」，音「ㄅㄟ」。

101 督過：責備。

102 豎子不足與謀：這小子不能和他謀劃（大事）。「豎子」為古時對人的鄙稱，猶言小子。

問題與討論

1 「鴻門宴」這個事件，除了在〈項羽本紀〉有記載之外，也出現在〈高祖本紀〉之中。而在〈高祖本紀〉中，劉邦驚慌的反應都被省略了，〈項羽本紀〉卻完整描述了這段場景。你認為原因可能的有哪些？這樣的反差給人什麼樣的感覺？

2 有人認為：「歷史本有其偶然性與必然性。假如項羽一轉念，劉邦可能會死，歷史也可能改寫。」你同意這樣的說法嗎？如果劉邦真的死在這裡，項羽就可以稱帝嗎？你為何這樣判斷？

3 如果我們要證明一項歷史事實為真，必須要有明確的證據。你認為〈鴻門宴〉當中，有哪些段落是最不容易找到證據來證明的？請舉出兩個。

寫作練習：「鋪墊」手法

「鋪墊」是敘事性文章常用的一種寫法。當作者想要描述一件重要的事情時，不會開宗明義立刻講出來，而是先寫數個無關此事、但能升高緊張感的段落，引起讀者的好奇心之後，再全力描寫這件事。前面「無關此事、但能升高緊張感的段落」，就是所謂的「鋪墊」。常見的形式，是以「三段」為一組，前兩段鋪墊，第三段切入正題。這種寫法的好處，是可以讓讀者有心理準備來面對最重要的內容，加深印象。在〈鴻門宴〉中，樊噲衝入營帳，項羽先給酒、再給豬肉，這兩個動作就是司馬遷安排的「鋪墊」，最終是為了引出樊噲的一番話來。

請想像A、B兩人對話，其中A要告訴B一個重大的壞消息，但在說出壞消息之前，必須至少寫出兩段「鋪墊」。你可以自己設定「壞消息」的內容，總字數不超過三百字。

延伸閱讀

文字

1 余英時，〈說鴻門宴的坐次〉收錄於《史學與傳統》，時報出版，一九八二。

2 布洛克著，周婉窈譯，《史家的技藝》，遠流，一九九一。

3 李長之，《司馬遷之人格與風格》，里仁書局，一九九七。

4 瀧川龜太郎，《史記會注考證》，唐山出版社，二〇〇七。

5 大衛．康納丁著，梁永安譯，《今日，何謂歷史》，立緒，二〇〇八。

6 嚴耕望，《治史經驗談》，臺灣商務，二〇〇八。

7 凱斯．詹京斯著，賈士蘅譯，《歷史的再思考》，麥田，二〇一一。

8 錢穆，《中國史學名著》，三民，二〇一一。

9 愛德華．卡爾著，江政寬譯，《何謂歷史》，五南，二〇一三。

10 余英時，《歷史與思想》（二版），聯經，二〇一四。

11 薛仁明，《進可成事，退不受困：薛仁明讀史記》，九歌，二〇一四。

12 中島敦著，韓冰、孫志勇譯，《山月記》，群星文化，二〇一五。

影視

1 呂世浩，《經典導讀—史記》，臺大開放式課程。

2 陳凱歌導演，《霸王別姬》（Farewell My Concubine），一九九三年上映。

3 戴維斯．古根海姆，《指定倖存者》（Designated Survivor）電視劇，二〇一六年播出。

第十課　古詩、樂府詩選

題解

本課選錄〈東門行〉、〈短歌行〉兩首樂府詩，以及古詩〈擬詠懷之十一〉，呈現漢魏六朝時期的詩歌特色。

〈東門行〉刻劃東漢末年動盪離亂的社會裡，平民為謀生存被迫鋌而走險的無奈心情。全詩以第三人稱視角，鋪寫丈夫、妻子與年幼之兒的神情、動作，並於場景切換之間推動情節，以人物的情感貫穿敘事，展現樂府歌詩的表演性。此詩以首句「出東門」為題，詩題與內容相合，是早期樂府詩的特色。「行」字為樂府詩歌之特殊標示，樂府詩題皆綴以行、歌、樂、曲、引、弄、操、吟等字，以標示其音樂性。

曹操的〈短歌行〉則表現出於亂世之中欲廣納人才，以平定天下的雄心。全詩以第一人稱口吻進行，與〈東門行〉相比，著重於詩人內在情志的書寫，外在情節的比例減退，呈現出「文人樂府」的特色。〈短歌行〉是以樂府的舊題改寫歌詞來寫時事，原本是漢代樂府官署整理的曲目，被曹操挪用來表達個人志向。在漢代，樂府詩雖風靡一時，但貴族文人仍以《詩經》為正統，創作以政治、交際功能為目的，並以四言詩為創作體裁。由此來看，曹操之〈短歌行〉具有兩方面的意義：一是開啟文人創作樂府詩的風氣、拓展樂府詩之藝術性；二是以四言句式改作樂府詩，也賦予四言詩新生命，成為抒發內在情志的體裁。

庾信的〈擬詠懷之十一〉為五言古詩，出自《擬詠懷》組詩（共二十七首）。此詩寫於庾信滯留北方時期，集中抒發離鄉之情，為繼承阮籍《詠懷》組詩（共八十二首）的抒情組詩。本詩共十二句，每二句各自形成一幅畫面，透過不同角度刻劃戰爭時期家庭離亂、師老兵疲的悲劇，結尾則將時事褒貶與個人情懷融為一體。作者在本詩中收攏不同身分處境與感受，結構設計十分緊密。晉、宋以降，文人詩歌講究「使事用典」及「聲律對偶」，庾信此詩也不例外。他的用典嫻熟自然，不露斧鑿之痕，且不拘泥於典故舊事，能賦予新意。不但藉由歷史縱深擴大抒情空間，也以當下現實挪動歷史，使歷史與現實之間相互對照、交錯與牽引，為詩歌用典技巧帶來突破，故清代沈德潛評價為「造語能新，使事無迹」。

作者

〈東門行〉為漢代樂府詩，作者之名已佚。本詩源自民間歌詠，經樂府採集整理後流傳至今。民間歌詩因反映平民生活樣貌，情感發乎自然，文學價值較高，具有「感於哀樂，緣事而發」的精神。樂府詩雖能反映民生、補察時政，但經文人整理、潤色後，已為貴族的審美興趣收編，故與質樸的民間作品已不完全相同。樂府詩是結合歌唱、奏樂、配舞的綜合表演藝術，反映出大一統帝國社會對聲色享受的追求，與文人表現個人精神、抒情言志的文學作品性質並不相同。

〈短歌行〉的作者為曹操（西元一五五年—西元二二〇年），字孟德，沛國譙縣人（今中國安徽省亳州市），為三國時期著名政治家、軍事家及文學家。漢獻帝建安元年（西元一九六年），曹操「挾天子以令諸侯」，成為實際掌權者。其後三度頒佈求賢令，強調用人不論出身、德行，只考慮才能，打破過往觀念。曹操喜愛音樂，文學造詣亦高，吸引眾多文人聚集，與其子曹丕、曹植以詩文相酬酢。其中，以王粲、陳琳等「建安七子」最富文名，形成中國歷史上第一個文人集團，此時文學風格被後世譽為「建安風骨」。自此，「文學」漸漸獨立於哲理、公文與史冊之外，成為一個新的領域。文人從此有意識地經營文學藝術，並以創作為展現自我的途徑，被稱為「文學自覺」的時代。

〈擬詠懷之十一〉的作者為庾信（西元五一三年—西元五八一年），字子山，南陽新野（今中國河南省新野縣）人，為梁代著名政治家、文學家。早年仕梁，因自幼博覽群書且富外交長才而位居顯位。此一時期詩風綺豔，集中於詠物及豔情書寫，內容相對狹窄；作品講究詞藻、音律雕琢，詩風與其父庾肩吾、徐陵、徐摛父子並稱「徐庾體」，為典型的「宮體詩」。梁元帝承聖三年（西元五五五年），庾信奉命出使西魏，正逢魏軍侵梁，江陵陷落，庾信因此受困北方，歷仕西魏、北周二朝。由於鄉關之思與貳臣之恨，詩風乃大為轉變。庾信融合北朝的清貞剛健之氣與南朝的細膩秀麗之風，是南北朝文化與文學交流的代表性標誌。後期詩作深受後世推崇，杜甫即盛稱「庾信文章老更成」、「暮年詩賦動江關」，並為文人樂府、五言詩之創作開闢新境界。不但集六朝文學之大成，更開啟唐詩氣象之先聲，明人楊慎評其詩「為梁之冠絕，啟唐之先鞭」。

一、東門行[a]

出東門[1]，不顧[2]歸。來入門，[b]悵欲悲。[c]
盎[3]中無斗米儲，還視架上無懸衣[4]。[d]
拔劍東門去，舍中兒母牽[5]衣啼。[e]
「他家但願富貴，賤妾[6]與君共餔糜[7]。
上用倉浪天故[8]，下當用此黃口兒[9]，今非[10]。」[f]
「咄[11]！行[12]！吾去為遲，白髮時下難久居[13]。」[g]

提問

a 請先瀏覽完整首詩，把「誰」做了「什麼動作」列成一張表。如果這首詩是一部電影預告片，你是否能想像出完整情節，把它串成一個完整的故事？

b 你認為「出東門」跟「來入門」中的「門」是否為同一個門？為什麼？

c 請猜想，從「不顧歸」到「來入門」的轉折中，丈夫的心情發生什麼變化？帶著你的猜想讀下去，檢驗看看，與後文情況是否相符。如果不相符，能否找到新的解釋？

d 請推想「盎中無斗米儲，還視架上無懸衣」所描述的家庭狀況及社會階級可能是怎樣？這個背景與前後文的「出」、「入」有什麼關係？如果詩中主角是你，你看到第一行的畫面會有什麼感覺？

e 能否從丈夫「拔劍」、兒母「牽衣啼」判斷丈夫可能想去做什麼？

二、短歌行

對酒當歌，人生幾何[14]？[h]譬如朝露[15]，去日[16]苦多。[i]
慨當以慷，憂思難忘[17]。何以[18]解憂？唯有杜康[19]。
青青子衿，悠悠我心[20]。但為君故，沉吟至今。
呦呦鹿鳴，食野之苹。我有嘉賓，鼓瑟吹笙[21]。[j]
明明如月，何時可掇[22]？憂從中來，不可斷絕。
越陌度阡[23]，枉用相存[24]。契闊談讌[25]，心念舊恩。
月明星稀，烏鵲南飛[26]。繞樹三匝[27]，何枝可依？[k]
山不厭高，海不厭深[28]。周公吐哺，天下歸心[29]。[l]

f 兒母說服丈夫的說詞，並列「倉浪天」跟「黃口兒」，你覺得哪一個才是「孩子的媽」最在意、並且最能打動丈夫的？從哪裡可以判斷出來？

g 理論上，所有的對白都能改寫成敘述。比如某人說「我真是受夠了！」是對白，但我們可以把這句對白改寫成「某人非常生氣，覺得自己受夠了。」請你依照上述的提示，把這詩作中的兩句對白改寫成敘述。改完之後讀讀看，你覺得兩者的效果有何不同？

h 「當」可以解釋為「面對」，也可以解釋為「應當」。請配合「人生幾何」的意思，說明你覺得有哪些可能的解讀方式。

i 一般來說，詩作中「人生苦短」常會引導出「及時行樂」，請你往下觀察，本詩有何不同？從哪一句開始不同？

j 在作者身處的時代（漢代），將〈子衿〉的主旨解釋為：「亂世中學校被迫毀棄，老師盼望學生歸返。」「青青子衿」被解釋為「學子之服」，古時只有貴族子弟有進入學校學習的權利。在這種詮釋中，〈子衿〉反映出貴族階級對於世道紊

三、擬詠懷之十一[m]

搖落秋為氣，淒涼多怨情。
啼枯湘水竹，哭壞杞梁城。
天亡遭憤戰，日蹙值愁兵。
直虹朝映壘，長星夜落營。
楚歌饒恨曲，[n]南風多死聲。
眼前一杯酒，誰論身後名。[o][p]

亂，王道政治失序的感慨。〈鹿鳴〉則是君王用以宴請貴賓、群臣時所奏的樂歌。你認為作者引用這兩首詩，隱含什麼自我期許與目的？

k 為什麼月亮這麼亮，烏鵲還會找不到地方停靠？你認為作者想要表達什麼意思？請參考註解的說明思考看看。

l 請判斷「明明如月」到「心念舊恩」這段，作者說話的對象是哪種人？與「月明星稀」到「天下歸心」這段的說話對象有什麼不一樣？

m 請先不要看翻譯或解釋，試著把整首詩快速讀完，直接從字面解讀，你有什麼感覺？能否判讀出這首詩的主題？你從哪些詞彙或詩句得出這個判斷？然後讀完全詩的註解，再通讀一次這首詩，比較看看，跟你的理解有何不同？

n 一般說法認為，作者這裡用的是「四面楚歌」的典故。你認為作者用典的方式，與典故本來的意思是否相同？有什麼線索可以判斷？

o

在寫作上，有一種做法是透過感官的描寫，來讓讀者感受到作者希望營造的氣氛。請試著分析這首詩作裡面，作者描述了哪些感官感受？營造出怎樣的氣氛？

p

讀完整首詩後，你認為本詩最後一句描述的是什麼心情？是透過誰的視角抒情？這個情緒如何串連起前面那些分散的場景與情緒？

注釋

1 東門：指詩中家庭所居之城東方的門。
2 顧：掛念、考慮。
3 盎：窄口、寬腹的陶製容器，音「ㄤˋ」。
4 懸衣：懸掛的衣物。
5 牽：拉。
6 賤妾：古時妻子自稱。有歧視意味，現代應避免使用。
7 餔糜：吃粥，此處意為「吃苦」。「餔」即「吃」，音「ㄅㄨ」。「糜」即「粥」。
8 用倉浪天故：看在老天的份上。「用」即「為了」。「倉浪天」即「蒼天、上天」。「故」意指「緣故」。
9 黃口兒：瘦弱的幼兒。
10 非：指丈夫上違天命、下違人情的做法是不對的。
11 咄：喝斥聲。音「ㄉㄨㄛˋ」。
12 行：意思是「我要走了」。
13 時下難久居：這種苦日子，再也撐不了幾天了。「時下」即「時常落下」。「難久居」指「來日無多」。
14 幾何：多少。
15 朝露：早晨的露水，在此以「露水受日，隨即蒸發」比喻人生短暫。
16 去日：過去的日子。
17 慨當以慷，憂思難忘：應當慷慨，心中的憂思卻難以忘懷。「慷慨」即「志氣昂揚」。
18 何以：用什麼來……。
19 杜康：酒。相傳杜康發明釀酒技術。
20 青青子衿，悠悠我心：此二句引用《詩經．鄭風．子衿》，原文為「青青子衿，悠悠我心。縱我不往，子寧不嗣音？」大意為：「你青色的衣領縈繞我心，久久不能忘懷。縱使我不能前去見你，你怎麼不捎來音信呢？」作者只引前半，省略下半，將典故化用為表達對賢人的思慕。「衿」音「ㄐㄧㄣ」，即「衣領」。

21 呦呦鹿鳴，食野之苹。我有嘉賓，鼓瑟吹笙：此四句引用《詩經．小雅．鹿鳴》，本為款待群臣、貴賓之意，作者在此表達「賢人若來襄助，則我當以禮相待之意」。「呦呦」形容鹿鳴聲，音「ㄧㄡ」。「苹」，一種古書上的植物，屬白蒿類，音「ㄆㄧㄥˊ」。

22 掇：拾取，音「ㄉㄨㄛˊ」。

23 越陌度阡：意指「遠道而來」。「阡」指南北向的田間小路。「陌」指東西向的田間小路。

24 枉用相存：委屈您前來問候我。「枉」即「枉駕、屈駕」，敬辭。「用」即「以」。「相」，代詞性助詞，於此代指「我」。「存」即「存問、探望」。

25 契闊談讌：在宴席上敘說彼此相投的情意。又一說，契闊指聚散，表達久別重逢之意。「契闊」在此為偏義複詞，偏向「契」之意。「契」即「相契」，「闊」即「疏遠、分離」。「談讌」為「擺設宴席談說」，「讌」即「宴席」，在此作動詞，音「ㄧㄢˋ」。

26 南飛：比喻賢士往南投靠吳、蜀。

27 繞樹三匝：禽鳥欲擇良木而棲時，猶疑再三。「三」為虛數，指「多」。「匝」即「周圍」，音「ㄗㄚ」。

28 山不厭高，海不厭深：典出《管子．形勢解》：「海不辭水，故能成其大；山不辭土石，故能成其高；明主不厭人，故能成其眾；士不厭學，故能成其聖。」作者化用以表達收羅人才越多越好。「厭」即「滿足」。

29 周公吐哺，天下歸心：典出《史記．魯世家》，傳說周公禮賢下士，到了「一沐三握髮，一飯三吐哺」的程度，即為了接待人才，洗髮、吃飯都顧不及。作者借此表達需才孔亟之意。「哺」即「口中所含食物」，音「ㄅㄨˇ」。

30 搖落秋為氣：語出宋玉〈九辯〉：「悲哉秋之為氣也！蕭瑟兮草木搖落而變衰。」這兩句指秋季蕭瑟之風使草木凋零，人心亦同感悲悽。本詩用典多涉南方故事，可推知作者用以暗指西魏南梁之戰、梁君敗於江陵之事。「搖落」即「樹葉受風吹搖動而墜落」。

31 啼枯湘水竹，哭壞杞梁城：第一句來自舜南巡死於蒼梧，娥皇、女英二妃至湘水遙望蒼梧啼哭，淚水滴落湘竹，從此湘竹上皆有斑痕的傳說。第二句則來自春秋時齊莊公攻打莒國，齊人杞梁殖戰死，其妻痛苦，十日後城牆為之崩塌的傳說。這兩句暗指戰亂之中君臣被戮，戰死沙場者眾，故有夫妻離別之悲。

32 天亡遭憒戰，日蹙值愁兵：「天亡」二字典出楚漢相爭故事，語出《史記·項羽本紀》。時楚軍困於垓下，項羽心知大勢已去，曰：「此天之亡我，非戰之罪也。」逃至烏江邊時，亭長勸其南渡江東，項羽曰：「天之亡我，我何渡為？」「日蹙」指「天色無光」。「蹙」為「收縮」，音「ㄘㄨˋ」。這兩句言時不我予，故戰事不利、士卒內亂。

33 直虹朝映壘，長星夜落營：「直虹」、「長星」典出《晉書·天文志》。「直虹」指彩虹頭尾至地，為戰亂血腥之徵。「長星」指流星，古時認為是破敗之象。這兩句將天文異象視為梁帝江陵敗亡之徵，為全詩增添一層神秘的色彩。「壘」即「軍事堡壘」。

34 楚歌饒恨曲，南風多死聲：「楚歌」典出《史記·項羽本紀》，項羽受困於垓下，聞劉邦軍士唱楚歌，以為劉軍已攻佔楚地。「南風」典出《左傳》，時晉楚交戰，晉樂師師曠聞楚國軍樂低沈微弱，判定楚軍士氣低落。「南風」即「楚歌」，前後兩句以此意象連結。古代作戰以軍樂指揮行伍、鼓舞士氣，這兩句則以音樂指出士氣不振，終必敗亡。「饒」即「多」。

35 眼前一杯酒，誰論身後名：語出《世說新語·任誕》：「使我有身後名，不如即時一杯酒。」典故本事為凸顯淡看毀譽、及時行樂的人生觀，作者在此則曲用典故，暗諷梁朝君臣貪圖眼前享樂，不思遠慮。本句亦有庾信欲借酒銷愁，忘卻國破家亡與奉仕二朝之悲之意。

問題與討論

1 在題解、作者等欄位中，我們不斷提到「民間」和「文人」兩種風格。請從本課選錄的三首詩當中，圈出你覺得有「民間風格」與「文人風格」的詩句各一，並說明你是怎麼判斷的？

2 在這一課所選的〈擬詠懷之十一〉和第六課的〈張李德和詩文選〉當中，我們看到了許多「用典」的手法。你認為這種手法有什麼優點和缺點？你能否舉出其他「用典」的文學作品，以支持你的想法？

寫作練習：
文字的「鏡頭」

在寫作時，你可以把文字想像成「鏡頭」。你每寫下一個景物、一個動作，就是選擇讓某個東西「入鏡」，同時也排除了其他東西。因為讀者一次只能讀一句話，所以在下筆時，「選擇讓什麼東西進入鏡頭」是很有意義的，這可以把讀者的注意力聚焦在你希望表達的重點上。所以，當你想要描寫一個空間的時候，可以想像自己扛著攝影機進入那個空間，你會先拍什麼？什麼是一定不能遺漏的？你所選擇的東西，就會反應你當下最在乎的事情。本課的〈東門行〉從「出東門」到「還視架上無懸衣」這幾句，就是透過「盎中」沒有衣服、「架上」沒有米等物件選擇，暗示敘事者的生活非常窮困，所以一回到家就會先注意這些地方。

請假想你進入某個陌生人的臥房，寫一段文字來描述它。這段文字至少必須包含五個物件。寫完之後，你可以和同學交換閱讀彼此的作品，並且猜測對方為什麼選擇這些物件。

延伸閱讀

文字

1 白先勇，《臺北人》，爾雅，一九八三。
2 周勛初，〈梁代文論三派述要〉收錄於《魏晉南北朝文學論叢》，江蘇古籍出版社，一九九九。
3 王禎和，〈伊會唸咒〉出自《香格里拉》，洪範，二〇〇四。
4 錢志熙，《漢魏樂府的音樂與詩》，大象出版社，二〇〇九。
5 田曉菲，《烽火與流星蕭梁王朝的文學與文化》，中華書局，二〇一〇。
6 葉嘉瑩，《漢魏六朝詩講錄》，網路與書出版，二〇一二。
7 施耐庵，〈林沖夜奔〉出自《水滸傳》，達觀，二〇一九。

影視

1 吳宇森導演，《赤壁》，二〇〇九上映。
2 戴立忍導演，《不能沒有你》，二〇〇九年上映。
3 孔笙、李雪導演，《瑯琊榜》電視劇，二〇一五年播出。
4 布萊恩．辛格導演，《波希米亞狂想曲》，二〇一八年上映。

閱讀
超連結

導言
閱讀超連結

歡迎來到「閱讀超連結」的欄位。如果你一路讀到這頁，或許已經感受到了，第二冊國文課本是一本非常「抒情」的書。我們談了「親情」、「友情」、「性別角色」等主題，討論人跟人之間相處的種種樣貌，「情感」就是那股牽絆每個人，使得我們遇合又分離的力量。也正因為這樣，「抒情」才會成為文學作品最重要的功能之一。人們來到世界上，與他人連結，再用文字記錄種種感觸，許多文學作品都是這樣來的。

然而，「情感」雖然重要，但情感如何運作、如何抒發，卻也是有跡可循的。因此，即便我們在閱讀作者情感豐沛的文字時，還是可以注意他們所呈現出來的「事理」。有情有理，加起來才是完整的人類。因此，親情值得體會，但「家庭」的社會功能也很值得深思；友情令人吟味，但「人際關係」也有值得探討的文化深度；性別有時呈現了個人特質，但有時卻又會壓抑個人特質。

文學是關於人的學問，人有多複雜，文學就可以有多豐富。

因此，在接下來的「閱讀超連結」當中，我們另外選錄了四篇文章，針對各單元討論的主題，再進一步補充課文沒有涵蓋到的觀點。

對應第一單元「親情」的，是張郅忻的〈織〉。這篇文章提供了許多值得探討的角度，包括隔了一個世代的祖孫關係，包括阿公的越南經驗，也寫到了已經成為臺灣社會重要族群之一的東南亞裔配偶。「親情」不只是家族中的兩人如何互動，也會牽涉到人們的族群、職業等身分，與遷徙、定居的社會背景也脫不了關係。透過〈織〉這樣的文章，我們也可以看到臺灣跟周邊國家的密切關係，不只是經濟貿易、國防外交的層面，也有民間的情誼交纏。

而第二單元的「友情」主題，我們補充了盛浩偉〈那些關於絕交的事〉。不同於課文中兩椿堅定美好的友情，盛浩偉在此袒露了友情的陰暗面，且敘事者自身也在某種意義上，成為陰暗的一部分。透過對「絕交遊戲」的描述，我們可以看到人如何渴望被群體接受，又是如何以劃清界線來鞏固關係——就如同幼童之間的「你跟他好，我就不跟你好」這樣的行為一般。盛浩偉從反面入手，描寫了絕交、維持不被絕交的關係等不同層次的細微人心。

黃哲斌的〈我愛過的那些故事〉，則從另外一個角度呼應了「性別角色」這個單元。本文選自他的散文集《父親這回事：我們的迷惘與驚奇》，就是在思考「作為父親」的經驗。然而不同於洛夫剛硬嚴肅的長者形象，黃哲斌呈現的是另一種父親，會陪孩子讀童書、甚至到孩子的班上擔任唯一的「故事爸爸」。這些細節，都開拓了我們對「性別角色」的想像力，誰說爸爸只能有一種樣子呢？真正珍貴的，是願意為了家人而付出的心情。

最後，我們以馬世芳的〈我的琴聲嗚咽 淚水全無〉來呼應「中國文學史：漢魏六朝」。這是一篇音樂評論，談的是中國歌手周雲蓬的作品〈九月〉，並且點明了這首歌如何化用了漢代的詩歌。文學史之所以有意義，就在於它紀錄了人類有文字以來的所感所思，且不斷地成為後世的靈感來源。經典文學作品就是在這樣一次次的繼承與演變中，對人們產生跨越時空的影響力。

當你讀到這裡的時候，這學期差不多也要到盡頭了吧。無論你這一年過得如何，都希望這些文字能在你心中存下一點力量，讓你的生命有更開闊或更深邃的視野。祝你高中生涯的第一個夏天熱烈精彩，等到天氣不那麼熱的下個學期，我們再一起去探索更多的文學主題吧！

231　閱讀超連結：
導言

織（節錄）

撰文／張郅忻，收錄於《我家是聯合國》，玉山社出版。

車窗外，高聳摩天大樓、巨型廠房交錯林立，外資興建的龐然大物拔山倒樹重新占領此地。原來，它不僅換了名字，亦改變臉目。儘管如此，法式建築、長型摩托車及白色斗笠，童年聽說的南國景貌如今眼前。我不只一次聽阿公談起越南，且難忘他的陶醉神情；甚至臨去時，他口中仍念念不忘期盼能再訪南方國度。也許是這個緣故，「回越南」一事便在心底扎根。

阿公走後，房間擺設保持原狀，唯衣物燒去幾件，顯得空蕩。我撿拾散置地面的幻燈片，想是喪禮時，阿婆匆匆整理遺落。對著入室微光，夏日南國氣息自光影間發散。西貢是熱帶氣候，幻燈片裡阿公穿白衫，哺娘不在身邊，襯衫依舊挺直。雨後街道，悶熱暑氣蒸散，空氣飄蕩著椰香，購自美軍二手**YASHIKA**相機順肩頸垂掛他平坦精實的年輕胸腹。

我隨意問起阿婆：「阿公該時在越南到底有無女朋友？」阿婆輕輕點頭，不經意且無所謂的樣子。性格拘謹，恪遵規矩，不愛與人交往的阿公，令人難以想像他曾有過一段異國戀情。阿婆的反應如飛來碎石把水中人影打亂。

曾於越南工作近十年的阿公突然顯得陌生遙遠，我試圖從光影虛實輪廓裡辨認逝去的浮光瞬影，重新拼湊這個自小養育我的男人。幻燈片除了風景，只有獨照。其中一張他手捧椰子露齒大笑，畫面盡頭，手持相機拍下此刻的人，或許就是阿公的越南情人。她望著他。

如今，相機不再是奢侈品，人手一台，數位影像無限複製重疊，珍重按下快門鍵的時代遠去。我隨簡易旅遊書避開大城，走訪小鎮，相機一路不離手，或街道攤商，或花園嬌蕊，或臨海風光，捶扁壓縮過眼時光。

一九七五年早季將盡，美軍電台播放白色耶誕，越共游擊隊旗幟升起，西貢機場湧滿奔走人潮，紡織廠臺籍員工著急返家。阿婆恰因工廠資助來越，在宿舍裡焦急收拾行李。阿公口裡默數臉盆應歸還王桑女友，鐵鍋該交付陳桑女友云云，阿婆反問：「你的女友呢？」

阿公訥訥未應，手捧魚缸踏出房門，留下一句很快回來，阿婆繼續收拾衣服沒有應聲。兩尾紅魚交錯水缸中，不知窗外戰火，未解俗世情緣，無水世界的喜怒哀樂不曾真正侵犯過牠們。天空依舊蔚藍的短暫午後，阿公把魚缸和共同孕育的生命交還情人，從此告別。

自小至大，我只聽過阿公如何讚許越南進步的下水道設施，濃郁甜蜜的越南咖啡，於她隻字未提。年幼的我曾以塑膠透明水缸養過幾隻孔雀魚，只知觀看，全賴阿公細心照料。正如他不苟言笑養我成人。阿公離開人世年餘，阿婆才將這段往事告訴我，言語沒有忌妒，只存疼惜。

不能忘記他對我說的最後一句話，彼日我準備離鄉至南方大城工作，病弱的他平躺於床以僅有力量說：「身邊有沒有錢？」那年隻身赴越的他確實一毛錢都無，且須以汗水生出更多錢寄回遠方的家。每回我離家，他會淡淡問起，並自破舊褲袋掏出斑駁褐色皮夾，將幾張紙鈔塞入我手。多少年來，這句話總是毫無重力似的響起、落下，不著痕跡。

阿公口述的南國如童話般無根無際，越南真正走入我的生活，應是五年前阿妗與大叔相識後。

第一次看見阿妗是燦爛夏日午後，我看見一位靦腆女孩坐在家門邊，媒人與阿婆談論著她，她侷促不安低頭喝水，開口說話時猶有濃重越南口音，多年來圍繞其身是隆隆巨響的紡織機。年逾四十的阿叔與未滿三十的她於知名景點約會留影，半年後兩人結婚，她辭去工作，專心顧子。她的女兒、我的堂妹，阿公曾以孱弱手臂擁抱過她，臺灣與越南血液在稚嫩身軀裡延續。

或許因為年齡相仿，我們時常聊天。逐漸相熟後，我發現她溫柔外表下的活潑與調皮，符合她僅二十初歲的年紀；我理解她的倔強，出自於多年來在異地立足的勇氣。她進入夜間小學識字班，筆記裡記滿飛揚筆劃中文字。她捧著筆記來問我時。偶而教我幾句越南語，鼻腔與喉嚨的震動不容易發音。她的中文越來越好，我的越語卻始終停留在吃飯、你好的幼兒程度。只是幾句簡單問候在這趟旅途中，卻得到許多微笑相應。

我在街道邊的咖啡攤點了杯越南咖啡，和所有人一樣，坐路邊圓板凳，用銀匙攪拌玻璃杯裡的甜蜜。好濃好甜，我想起阿公說起越南咖啡微微笑意。深焙稠膩越南咖啡，伴他度過無數異鄉寂寞夜晚。阿妗曾從越南帶回咖啡沖煮器具，教我調製越南咖啡。阿公說好喝好喝，臉上神情卻與談起回憶裡的滋味不同。其間差異我是此時坐在街道旁，手握玻璃杯裡甜蜜的苦澀才能體會。

如今我立於此地，觸目所見南國街道各種各樣開得毫無顧忌的樹，陪襯東南亞喜愛的粉紅、藍、綠鮮豔色彩的牆面。我被多采多姿顏色及錯綜複雜街道迷亂了，穿梭熟悉而陌生的異域。晃蕩已足夠，我只是來踏踏這裡的土地，而來過的人也走了。

離開越南的前一晚，我做了一個夢，夢裡我還是孩子，阿公牽我的手走進紡織廠。一架架紡織機立於兩側，機器運轉聲張牙奔騰，他神氣的笑，眼神是如此溫柔。

235　閱讀超連結：
織（節錄）

那些關於絕交的事

撰文／盛浩偉，收錄於《名為我之物》，麥田出版。

對小時候的我來說，「朋友」和「絕交」兩個詞幾乎是一體兩面的。

或許要從國小開始說起。剛升上三年級不久，班上逐漸流行起了莫名的遊戲：一個人跑到另個人面前，舉起雙手食指相對，說：「我要和你絕交喔。」接著會有兩種情況。一種是被絕交的人裝作難過示弱，哀求著「拜託不要」；另一種是不甘示弱，馬上也將食指相對，「誰怕誰，絕交就絕交啊！」然後便會開始嘻笑打罵，鬧成一團。

才剛經歷了幾年家庭裡的紛亂，我因而養成內向的性格，封閉了自己起來，不想耗費心力試圖和誰建立或經營與誰的人際關係，於是整天只默默地坐在教室角落，安靜畫畫，看書，發呆。某日下課，我如往常坐在角落的位置上，看著全班的人在教室裡絕交來絕交去的，才突然意識到沒有一個人可以讓我對他說：「我要和你絕交。」然而這再正常不過了，畢竟本來既無「交」，又如何能「絕」呢？

可是那一刻，我還是確確實實地，感受到了強烈的孤單。

猶豫，也觀察了許久，之後某節下課，才終於鼓起勇氣，走向S。他是一個班上同學都和他說「絕交」，卻從不見他對別人說的人。我向他喊了聲：「欸，」然後把雙手的食指相對，舉到面前，待他一轉過頭便說：「我要和你……」話還沒說完，他的手已經反射動作似地緊緊抓住我的兩根食指，做出哀求的表情說：「拜託你不要和我絕交！」我並沒有料想到會是這樣的反應。我還以為，他會一下子無法會意過來，可能會愣個兩三秒，然後漠然以對；或者他會反問：「我們是朋友嗎？」甚至不屑地罵我：「神經。」是連這種會令我無比窘迫的狀況都預想過了之後，才付諸行動的。我可以忍受在那之後可能的尷尬。只因為我真的真的好想知道，說出這句話，是什麼樣的感覺。

此前，我們兩人不曾說過什麼話、不曾相伴做些什麼或玩樂，卻因為說了那句話，還有他料想之外的反應，我居然交到了朋友。那句「絕交」，確實是我們「友誼」的起點。從此，下課上廁所，去合作社，或體育課不想和班上其他人打球只想在一旁乘涼聊天，我們都一起行動，幾乎形影不離。有時S面露難色或不甚願意，我會再伸出兩手，抬至面前，食指相頂，「不然我們就絕交喔。」

當然多少有失敗的時候。比如我想待在教室和他聊天，卻有別人要他跑腿買飲料。「你不准去。」「可是他說我不去他就要跟我絕交……」「那你去就換我跟你絕交，你選一個。」S便只好低聲下氣，不斷安撫，好話說盡，間或委屈相求，以退為進。最後他往往還是聽從別人，而我會撂下狠話，像是「等你回來我們就不是朋友了」之類的。然後過沒多久，我又像沒說過那些話似的，主動找他說些話，做些事，玩些遊戲，「不然我們就絕交喔。」

宛如電動遊戲裡的性命，看似有限，實際無窮，不管失敗成千上百次，永遠都有新的機會，保證可以重來。而且他總是如此寬容。其實他大可以反問：「你不是已經說過絕交了嗎？」然後對我轉頭不理。只要這樣一句，我便毫無招架之力。但S卻從未，從未這麼說。反倒是因為和他成為朋友，也漸漸打入班上其他人的圈子之中。

之後就不再這麼幸運了。一切逆反了過來。或者說，這樣才是復返正常——不再有從絕交開始的友情，絕交，是真的絕交。上國中以後，或到高中，或到大學以至現在，我不斷在和人絕交。所有稱得上朋友的，最後幾乎都會與我絕交。回想起來，過往時光的象徵就是經常絕交。總沒有太多爭吵，就是撇過頭去冷戰，將對方視若無睹，關係瞬間斷絕。而且，一旦斷絕，就彷彿再也沒有機會彌補。

然「朋友」這個詞、這個概念，在我心目中卻並非無足輕重，反倒意義非凡，因我也絕不輕易使用。非「朋友」之人，若是在學校或課堂上我認識的，稱「同學」；若是其他場合認識的，便直接稱其姓名或綽號；若是被人詢問「他是你朋友嗎？」則刻意回答：「是的。我們『認識』。」事實是，無論認識多久、相處過多久的人，或許我都還無法真心地用「朋友」一詞來稱呼。能夠融洽地交談、遊樂吃飯，或甚至不計回報的互相幫助，這些都還無法構成「朋友」的條件。就像是中文裡無法用單一詞彙表達，但在日文中卻有好多層次的表現：有表示僅是相識的「知り合い」、表示站在同一陣線夥伴的「仲間」、表示友人的「友達」，以及更親密的「親友」，或者在那之上的「大親友」……

而我心目中的「朋友」，則是最最高級、最難抵達。那是近乎宿命的。天生的。第一印象就注定了的。

我是如此難以相處。我深知，在自己的真心外圍，不知從何時起早已建起重重迷宮，牆阻且深，有時候連自己都會在裡面迷路。所以如果，我連和自己都無法好好相處，又怎能冀望會有誰，願意負著伊卡洛斯般的蠟翅高飛，直達迷宮深處那塊無人知曉的陌生境地呢？而那些曾經瞥見過我真心輪廓的人，也都不免因為過於接近太陽而融化了翅膀，墜回迷宮裡頭，或甚至墜得更深、更深，落進無止盡的黑暗裡，從此在我的生命中消失。

可是，人不就是這樣嗎？我們不會向陌生人要求任何東西，卻只會向愛我們也願意給我們的人索取更多，更多。那些如街上商家為招徠喊出的「帥哥」「美女」般誘惑的謊言，絕不會造成傷害；可是，若得知推心置腹的人在背後說了自己的壞話或抱怨，就算僅僅一句都能構成巨大的背叛，讓過往建立至今的關係立刻塌陷，崩毀，彷彿過去對自己的那些美好那些善意，才是謊言。高的標準，苛求，永遠只對我們所愛，也愛著我們的人有效，沒有愛，就毫無力量。

這全無理智可言。可是這樣看待朋友的情感，也稱得上是全然的「愛」吧？正因為把一些人看得那麼重要，才會對所有小事情患得患失，小題大作，鑽牛角尖，甚至歇斯底里。無愛即無憂，則愛成為通往煉獄的入口，愛的深處才是怨尤。愛怎麼可能恆久忍耐。愛就是貪嗔癡，就是永遠斤斤計較，就是絕對要求回報。

因為太重視對方而失去對方，或許也可能因為太愛對方而失去對方。我的每份友誼大概都是這樣斷絕的。有時候是別人不理解我需要的是什麼，有時候反過來；更慘的是，有時候兩個人磁場永遠錯位，得到的不是自己想要的，給出的也不是他人想要的。絕交，遂成了解決所有紛爭，苦惱，煩憂的最終手段。大概是最不好，卻也最好的方式了。

經歷過這麼多人事流轉劇變，經歷過一次又一次的疏遠或別離，經歷過那麼多眼淚，懊悔，卻倔強不已的消磨扭曲，我還以為自己早已鍛鍊出「沒有什麼是不能失去」的心態了。

中秋節前一週接到了國小同學的來電。對方開始就問說：「你還記得我是誰嗎？」我立刻回答，而對方詫異：「你怎麼知道？」「因為電話簿裡有你的電話。」之後又是一連串驚嘆，怎麼到現在還存著聯絡方式云云，然後小小問候。接著他說：「欸你今晚要來烤肉嗎，S約了我們一起烤肉，到了之後才發現，他所有人都約了，就是沒有約你，所以……」那年我和S各自升上不同國中，漸漸也就沒了聯絡。

我腦裡一片空白，遲疑半晌。

「嗯……，我今天，已經有約了。對不起，不能過去。」實際上是沒有的。彼時正要獨自出門，到便利商店買晚餐。

這樣回答只是因為發覺，終於到了這一天。我預想已久的這一天。

或許這就是他對於我過去那樣貪得無饜的感情索求做出反撲的時刻了。

也或許，他並不是反撲，而更傾向於怨懟我升上國中之後不再努力經營這段人際關係，讓他過往那些龐然的付出頓成空無。我不知道。我們之間已經有太多記憶的斷層與空白，緣分被時間稀釋，所剩無幾。

掛上電話，始終沒再跟S說到話，雙眼竟已有些茫茫。突然就想起這些年來，有好幾段曾經無比珍貴的情誼，永遠停留在過去，靜止不動，像被封存在琥珀裡。絕美的化石，金黃，透亮，已經離我那麼遙遠……

——一切都只因為我給了自己太多藉口而已。

我愛過的那些故事

黃哲斌，收錄於《父親這回事：我們的迷惘與驚奇》，圓神出版。

除了在家講故事，黃大寶上小學後，我加入「晨讀媽媽」的行列，面對全班三十名小朋友，花半小時講一個故事。我內心之緊張之澎派，超出我曾經歷的一千五百人演講場合。

尤其，我是黃大寶班上，第一個去混充「晨讀媽媽」的爸爸。敏感害羞，恐懼與眾不同的黃大寶，對於自己的老母要去上班，反而由老爸「木蘭從軍」，感到十分焦慮，頻頻問我能不能退換貨，改由阿母上場。因此，我簡直肩負全世界父親們的榮辱存亡。

巧合的是，我第一次被老師指派的故事書，是一九七二年美國作家夏洛特．佐羅托的《威廉的洋娃娃》，描述小男孩威廉渴望擁有一個洋娃娃，卻遭受哥哥嘲笑、鄰居羞辱、父親漠視的故事，這本書不僅是打破性別刻板印象的經典童書，對於我這名雄兔腳撲朔、雌兔眼迷離，闖進小學一年級教室的「偽晨讀媽媽」，尤其具有奇妙寓意。

講故事當天，我準備了堪稱「兒童界三寶」的小道具：巧虎手偶、會講話的胡迪與巴斯光年，讓他們穿插在故事之間，演繹性別與玩具之間的謬誤聯想。總之，半小時後，滿堂迴響熱烈，欲罷不能，洛陽紙貴，安可聲久久不絕。

好吧，我承認，上段最後一句絕多是我的幻想，另一小部分，則借助一點點小餅乾的功勞。當我講完故事，離開教室前，有位小朋友問：「大寶把拔，你以後還會來講故事嗎？」

我反問大家：「你們希望我再來嗎？」全班大聲地、毫無社交意味地說：「希～望～」我開心地走出教室，才發現，半小時又講又跳，我的內衣早已溼透。

我得意了一整個白天，傍晚接黃大寶下課，我試探地問：「爸爸到班上講故事，你覺得好聽嗎？」

「好聽。」大寶的聲音像蚊子一樣。

「那麼，老師安排我下下星期再去講故事，好嗎？」

「不要。」他小聲而堅定地搖著頭，「請媽媽告訴她的老闆，讓她來講故事」

（那一刻，我感到萬箭穿心，到頭來，威廉還是不准爸爸玩洋娃娃……）

等到一年級下學期，黃大寶終於接受「我爸也是晨讀媽媽」的鐵錚錚事實。此外，學校老師建議，讓他參加校內說故事比賽，鍛鍊他上台的自信，也讓他習慣公開發言，我們問大寶兄，他竟然答應了。

黃大寶花了半個多月，自動自發練習〈三隻小豬〉，那是我讀給他聽的第一個故事，也是他讀給弟弟聽的第一個故事，當他講到大野狼吹垮豬大哥與豬二哥的房子，大寶兄凶狠地張牙舞爪，做出「呼～呼～」的狀聲詞。

比賽結束當天，我接他放學，故作不在意地問：「說故事比賽還順利嗎？」他很開心地點頭，「很好啊！」然後補上一句，「我第三名喔。」我聽了既驚又喜，忍不住問他，一年級有幾位同學參加，他說：「十個。」十個參賽者，第三名很厲害了。

大寶兄又接了一句：「第一名有三個。」我小吃一驚，「那第二名有幾個？」他歪著脖子，算了好久，算不出來。我直接問：「有人第四名嗎？」他答得爽快，直接說沒有，全部都是前三名。

「很好啊，」我回答，「第三名很棒了。」我幾乎忍著眼淚告訴他，你現在已經敢站上台，在老師同學面前，講完一整個故事，而且會模仿大野狼「呼～呼～」吹掉房子，真的太棒了。

七、八年來，不管是爸媽講，或是哥哥講，那些有故事的夜晚，有時被繽紛畫面填滿，有時經歷冒險勇氣，有時共鳴著開朗笑聲，有時會在感動裡認識自己。

有天夜裡，我忙著洗碗、整理垃圾，孩子們黏著媽媽，央求想聽一本沒讀過的童書，《希望小提琴》，一個白色恐怖及政治受難者的真實故事。因為不適合黃大寶自己閱讀，原本我打算過兩年再講給他們聽，不料，黃太太在毫無心理準備下，翻頁讀了起來，當時，我就知道會有後話。

果然，我家老闆朗聲讀著這個背景在綠島監獄、關於一把克難小提琴的故事，一面喃喃自語：「喔，好沉重，好沉重喔！」終於讀完了，她馬上嚷嚷：「我現在好想哭，大寶二寶，趕快來給我抱一下。」她緊緊抱著兩隻小朋友，小兄弟提出許多我們不曾想像的問題，最後，我家大人發表兩點感言：

「哥哥弟弟，你們都要很珍惜，因為你們都在爸爸媽媽的身邊，沒有被關到小小黑黑的房間裡。」

「還有，你們心裡面，永遠都要有一首音樂。」

生活在當下臺灣，我們都幾乎忘了，世界不會自動美好，人類不會自動和平，政治不會自動善良，社會不會當然自由，我們現在日日享有的美好善良和平自由，是那些不滿者、反抗者、做夢者，甚至受難者的生命，一點一滴父換而來。當我幾乎遺忘，卻由一本寫給孩子的繪本，鮮明立體地提醒這件事。

我不知道，兒子跟我還有幾個挨著肩膀共讀的夜晚。他們願意聆聽，甚至期待、渴盼爸爸講故事的年歲，頂多十年、十二三年。當他們上了國中，大男生願意讓我巡房蓋被子，大概就是恩寵了，更別提跟著老爸打開書本，用崇拜的眼神尾隨上山下海，窮盡歷險。

所以我始終認為，親子共讀是件美好的事。美好，而且珍稀。所以，趁著現在，他們還歡呼著，殷盼著，只要有機會，我希望再為他們講幾個好聽的故事，這將是他們人生第一批寶藏，也是我的。

243 閱讀超連結：
我愛過的那些故事

我的琴聲嗚咽 淚水全無

馬世芳，刊載於《小日子》。

中國中國，何其臨近，又何其遙遠。

今天且先不提臺灣流行音樂如何深刻影響了數以十億計的人民生活意識（從鄧麗君、劉文正到周杰倫、五月天，那些歌絕對是臺灣有史以來外銷最成功的文化產品），也不提風水輪流轉之後，中國那些挾鉅額跨國資財、聚集頂級人才打造的超大排場電視賽歌節目，如何使臺灣電視節目相形之下，像是遇到航空母艦的小舢板。臺灣，作為中文世界的流行音樂「出超國」，起碼到現在，好歹仍是流行音樂市場品味的「規格制定者」（雖然這個「優勢」還能維持多久，很難說）。青年人素來對中國產製的音樂作品興趣缺缺，倒也情有可原。

這當然絕不代表對岸缺乏值得關注的作品，正好相反——臺灣青年對中國原創音樂，尤其是獨立音樂的冷感、陌生，是極其可惜的事。假如你豎起耳朵仔細聆聽，你當發現，對岸音樂人在相對壓抑、困乏的環境之下，早已做出了許多境界遠遠超過臺灣同行的傑作。何不把目光轉往另一個方向，看看那些巨型舞台燈探照範圍之外的中國土地，陸續冒出來的奇花異草？

要理解當代中國獨立音樂，不可不知近年興起的「新民謠」風潮：那些歌手多半有長年江湖走唱的歷練，作品以網路和小型巡演為主要傳佈途徑，很多歌未必出過正式專輯，而即使出了專輯，也有不少是酒館演出實況，或是DIY的克難成品，從來都和主流唱片工業的生態無關。他們的死忠樂迷會告訴你，某一首名作真正厲害的版本，永遠不會放在專輯裡，只能屬於現場演出。

他們多半經歷過苦日子，也見證了中國社會金權極速膨脹的奇觀。他們始終和體制保持距離，作品經常透出社會現實意識，但他們也從不忘記：詩才是遊唱歌手最重要的兵器。他們的歌詞，語言總是浸潤著詩的光芒。

要理解「新民謠」，首先必須認識周雲蓬。

周雲蓬（一九七〇—），這位遼寧出身的盲歌手，早已被尊為「新民謠」的標幟人物。他九歲失明，十五歲學吉他，十九歲進長春大學中文系，二十四歲開始四處飄泊，成為走唱江湖的民謠歌手。

周雲蓬藉點字和聽書博覽群籍，一九八〇年代席捲中國青年的「詩歌熱」，他也躬逢其盛。周雲蓬辦過詩刊，憑一支盲杖、一柄吉他浪遊半個中國，滾過貧窮的坑，吞過失戀的苦。他早年聽的、唱的歌，從鄧麗君到羅大佑，都是臺灣作品，那是他的音樂啟蒙。後來周雲蓬動手創作，走出港臺音樂人的影子，寫出一首又一首江湖風雨吹過浸過、唯有那樣的水土才養得出來的詩歌。他的歌，抒情中帶著莊嚴，那是千萬里一步步踩出來的厚度。

該從哪一首歌開始認識周雲蓬呢？原題「不要做中國人的孩子」的那首「中國孩子」，或許是「中國新民謠」最沉痛最怵目驚心的抗議歌曲。「不會說話的愛情」則是我心目中，近二十年來中文世界最美也最痛的情歌，若要我做一張中國新民謠精選，這兩首歌是不能少的。但是我更願意先請你聽聽他唱詩人海子的那首「九月」。

海子（一九六四—一九八九）是八、九〇年代對中國文藝青年影響極大的詩人，二十五歲那年在山海關臥軌自殺。他的名句「面朝大海，春暖花開」已經被收到語文課本、甚至變成房產廣告詞。

「九月」是海子一九八六年的作品，周雲蓬唱的這個版本，作曲者叫張慧生，一位教吉他的琴師，八〇年代在北京和一夥窮藝術家廝混，據說琴藝出神入化，為人有俠氣，然而始終不得志，二〇〇一年自縊身亡——是的，「九月」這首歌，背景疊著兩條亡魂。

二〇〇四年，周雲蓬開始公開演唱「九月」。由於張慧生既無留下錄音，更無曲譜，周雲蓬只能照著朋友的印象，加上自己的判讀，拼湊出可能的樣子。海子原詩的意象遼遠而晦澀，語言密度很高，歷來分析的論述很多，我並不想強做解人，只想請你聽聽周雲蓬怎麼唱（試聽鏈結：youtu.be/hUrGFIjYszw）：

目擊眾神死亡的草原上野花一片
遠在遠方的風比遠方更遠
我的琴聲嗚咽　淚水全無
我把這遠方的遠歸還草原
一個叫木頭　一個叫馬尾

周雲蓬的聲嗓，悠遠遼闊，正似草原上長長的風。編曲瘦瘦的，就是木吉他和淺淺的笛子。然而唱過兩遍，歌至中段，曲勢驟轉。萬音俱收，鋼琴和弦樂飄了出來，周雲蓬以氣音吟哦，幽幽然有鬼氣，那是漢代匈奴家園遭漢軍所破的哀歌：

亡我祁連山／使我牛羊不蕃息／失我焉支山／令我婦女無顏色

這奇特的橋接，或許是周雲蓬從歷史深處對海子原詩的遙遠呼應。之後，整首歌從抒情轉至悲壯，層層疊疊，墨色愈來愈濃：

遠方只有在死亡中凝聚野花一片
明月如鏡高懸草原映照千年歲月
我的琴聲嗚咽　淚水全無　隻身打馬過草原

一個叫木頭 一個叫馬尾……

歌聲沉鬱跌宕，漸唱漸遠，那草原上月光下的獨行者，就這樣隻身策馬，慢慢淡出畫面。

周雲蓬這首歌，單槍匹馬唱進了孤獨的最深處，直面那獰厲而美麗的死亡誘惑。那裡萬籟俱寂，惟有琴聲嗚咽，而我淚水全無……。

周雲蓬是深深凝視過那雙虛無之眼的人——沒有那樣的凝視，斷斷唱不出這樣美、這樣深、這樣懾人心魄的歌。

普通型高級中學國文 2

中華文化
基本教材

第一單元
人文精神

人們為什麼會追求更好的自己與生活

導言

在那個遙遠的時代，人們還活在對各種山川神靈的敬畏與想像之中，有著今日視為「迷信」的種種信仰與儀式。隨著文明發展，人們雖然仍對那些未知的力量懷抱著虔敬的心，但面對人生的價值與選擇，所關心的問題已漸漸由神秘的鬼神、吉凶等，轉向社會人群、歷史文化與道德價值等層面。人開始意識到自身的存在，試圖叩問生命的意義，並且試著依靠理性與行動回答這些問題。

我們不妨先簡單下個結論：

在這樣的變遷過程中，中華文化漸漸凝聚出了核心關懷，圍繞著「人」而展開。

而古往今來的哲人們，不停地思索著這些問題：「人」是什麼？生命的意義何在？自己與他人應該如何相處？個體生活與社群生活如何獲得平衡？人如何認識真正的智慧？什麼是真正的幸福？

這一切的提問與思考所指向的，與人文精神息息相關。中國古典文獻中的「人文」一詞，最早出現在《易傳》中：「觀乎人文，以化成天下。」「文」（）的原始字形象人的身體上有交錯的筆畫或圖案，引申為透過感官所能認識到的各種現象，這些現象不是獨立的，而是整體結構中的一部份，有著一定的秩序與規則。後來「文」不僅有文字的意思，也用來泛指各種有組織、有秩序的對象，包含文獻典籍、社會制度、思想觀念等等。「人文」一詞即泛指人類世界中的種種對象。「觀」不只是用眼睛去看，而是透過反思，進一步去認識事物。因此這句話可以這樣理解：深刻洞察複雜的人類活動，順著其中的秩序與規律，才能建立和諧的世界。這樣的解釋中即包含了反思與實踐的雙重意義。

在反思與實踐的過程中，必然涉及「價值」(BOX1) 層面的判斷。與一般考慮一件事的效益或功能不同，一旦追問這些觸及了生命底層的根本問題，便會逐步建立一套價值觀，而這些價值觀將進一步影響人們的思想與行動。想要回應這些問題，勢必不能只從社會活動的表面進行思考，也無法依賴政府、制度或者任何形式的權威提供標準答案。唯有透過自身不斷的反思與實踐，人才有可能在有限的生命中，一步步接近問題的答案。

「反思」表現出自我意識的覺醒，意思是人能夠理性地去面對自己內在的情感與思想，進而去思考：我現在的感覺是什麼？為什麼會有這樣的感覺？我的想法是什麼？這個想法可能來自哪裡？等等問題。而「實踐」則表現出了人的主動行為能力，意指人在經歷反思之後，會進一步透過行動來表現自己的意念，並且去追求

更好的自己與更好的生活。當然，「反思」與「實踐」是動態的過程，同時也會不停地交替，使生命時時處在創造與更新的狀態。

中國古代的人文意識大約萌芽於周王朝時期，不過自今日可見的材料來看，真正樹立人文思想典範的是孔子（BOX2）。

當然，一位思想家能夠成為一個思潮的代表性人物，在他之前的時代必然已累積了足夠的思想條件。孔子之前的子產（BOX3），就曾經說過「天道遠，人道邇」這樣的話。這句話意謂著自然的規律（天道）渺遠難知，而人類社會的發展原則卻可以切近掌握。這樣的觀念出現，顯露出社會由崇拜山川鬼神走向探討道德人倫的契機。

孔子是春秋時期魯國士大夫的後裔，年輕時便展露對古代禮樂制度高度的興趣，更著手研究這些過去所流傳下來的儀式，思考背後的意義。據說孔子晚年傳述了許多過去的文獻，諸如大家耳熟能詳的《易經》（BOX4）、《尚書》（BOX5）、《詩經》（BOX6）等，這些典籍在孔子之前就已存在，經過孔子和後學的傳述更成為後代士人十分重視的經典，影響了中國千年的知識傳統。

孔子從這些古代經典及過去的禮樂制度中汲取了養分，透過詮釋賦予這些古老

BOX1 價值（values）：人們所據以思想與行動的信念，特別是關於是非、善惡或者重要性的判斷準則。

BOX2 孔子（西元前 551 年—西元前 476 年）：名丘，字仲尼，春秋時代魯國人。思想家與教育家，被視為儒家的代表人物，學說思想主要記錄於《論語》一書。後代的儒家學者大都是繼承或開展了他的思想，各自開展不同面向的學說。

BOX3 子產（？年—西元前 522 年）：姓姬名僑，字子產。春秋時代鄭國的政治家。時代稍早於孔子。

BOX4《易經》：中國古代經典，原為卜筮之書。呈現了自然及人事的變化規律，代表人們已從卜筮決疑的時代走向人文與理性。今日的《易經》分為《周易》與《易傳》兩個部分。《周易》可能源出於一套古老的卜筮系統。《易傳》包含了後世對《周易》的註解與哲理闡發，其中的《十翼》相傳就是出自孔子之手。

的人文精神新的價值。他接續了前人的思想，建立一套「人道」的思想體系，肯定了人在實踐價值中的主動性，並且建立了一套實踐道德價值的方法，讓這個過程能夠純然透過人的行為來成就，不需要尋求任何外在或者超越的力量；人生的美好與一切值得追求的幸福，可以在現世生活中實現，不必訴諸未知的世界。

這一個單元，我們就來討論孔子如何繼承並且轉化古代的人文精神，替「人」以及人的社會勾勒出一幅理想的圖像，並且指出一條可行的道路。

第一節：人的自我覺醒與自我完善

「學」可以說是認識孔子學說的一把鑰匙，想要深入瞭解孔子對於後代的教育、思想、文化的影響，以及孔子學說的人文色彩，就必須從這裡入門。而究竟什麼是學？要學什麼？該怎麼學？為何要學？這些問題是這個小節將要討論的重點。

文本選讀

1-1-1

子曰：「學而時習之，不亦說[1]乎？有朋自遠方來，不亦樂乎？人不知而不慍[2]，不亦君子乎？」（《論語．學而》）

1-1-2

子曰：「古之學者爲己，今之學者爲人。」（《論語．憲問》）

1-1-3

子曰：「吾十有[3]五而志于學，三十而立，四十而不惑，五十而知天命，六十而耳順[4]，七十而從心所欲不踰矩。」（《論語．爲政》）

1-1-4

子曰：「賜[5]也，女以予爲多學而識之者與[6]？」對曰：「然，非與？」曰：「非也！予一以貫之。」（提問a）（《論語．衛靈公》）

注釋

1 說：通「悅」。

2 慍：音ㄩㄣˋ，心裡感到怨恨。

3 有：通「又」。

4 耳順：聽到別人說的話，就能明白他幽微的意思。這裡是強調認知通達無礙。

5 賜：端木賜，字子貢。孔子的學生。

6 女以予為多學而識之者與：你認為我是博學強記的人嗎？女，通

「汝」，你。識，音ㄓˋ，記。與，音ㄩˊ，通「歟」。

章旨詮釋

《論語》(BOX7) 第一章是對個人的生命成長所發出的邀請，也可以視作整本《論語》的綱領。根據古注，「學」有兩層意思：第一層意思是「覺」，意指覺醒，就是產生自我意識，進而反思生命的根本問題；第二層意思是「效」，意指行動，是對於未知的對象展開探索與實踐。

綜合兩者，人在產生自我意識之後，主動的去探求未知的對象（包含自身的思想、意識或情感），從而成長，就是孔子所謂的學。

「習」的原始字形中包含鳥類揮動翅膀的形象，後來引申指溫習或者反覆練習的意思。不過，因為前面的學指的並不是那些需要不斷溫習的智識或需要練習的技術，這裡的習就不能只是溫習或反覆練習，而必須是與學連貫在一起的行動與實踐。談到行動與實踐，就離不開具體的情境判斷，因此這裡的「時」也就不只是強調學習勤勉不懈，更重要的是恰當地掌握情境而作出適當的判斷。

「學而時習之」很精練的概括了人的成長模式：透過不間斷的自我探索與生命實踐，漸漸認識自己、開展自己。孔子接

BOX5《尚書》：中國古代經典，保存了上古的公文檔案，是研究古代歷史與政治的重要文獻。其中有些是後人追記而編輯，學者仍相信書中保存了西周的早期文獻。內容提出政府統治的合法性不在神權或武力，而在人民。這些思想內容影響了後代看待歷史、政治與社會的方式，成為文化中重要的根基。

BOX6《詩經》：中國古代經典，收錄了從西周到春秋中期的三百餘篇詩歌，是瞭解古代歷史、政治、宗教等各文化層面的重要文獻。同時保留了人民間的親情、友情與愛情等諸多素材，肯定了人文活動中的各種情感，是先秦人文思想的重要遺產。

提問 a：「多學而識」與「一以貫之」有什麼不一樣呢？請先說明字面的意思，然後以你自身的經驗舉例解釋。

BOX7《論語》：這本書收錄了孔子與弟子及當時人的對話，由孔子的弟子、再傳弟子編輯而成，是瞭解孔子思想最重要也最可靠的文獻。

著問：在這樣的成長過程中，難道不會感受到一份由衷的喜悅嗎？這句話並不是直接陳述，而是使用了反問的口吻，從這樣的語氣來理解文意，與其說他是在宣揚某項主張，更像是在分享自己的學習體會。這句話並沒有做出直接的論斷，而是邀請聽者反思自己的生命經驗。

第二句的「朋」是指志同道合的人，不只是一般意義的朋友而已。「有朋自遠方來」強調群己關係的建立。照孔子的觀點，自我的完成離不開與群體的互動，人在群體中更能夠認識自己。「樂」與「說」（悅）指出了「學」固然屬於智性活動，卻能夠獲得情感層面的回饋。而這種滿足感會回過頭來讓「學而時習之」以及「有朋自遠方來」的經驗更深刻。

最後一句說「人不知而不慍，不亦君子乎？」表現出獨立成熟的生命，不必依賴外在肯認來完成。孔子在此處轉化了古代「君子」的意涵，讓「君子」不再只是單純的貴族身分，更是一個在德性上充分覺醒的人。

「君子」於是成為一種理想的人格，成為任何人都能夠透過內在自覺與為學實踐所抵達的境界。

由此觀之，這整章的目的即是教人享受生命從自覺到完成的喜悅，並且在這樣的過程中成為一個真正的人。

《論語》第一章隱含了一層意思：為學的目的是教人做一名「君子」（提問 b）。什麼是君子呢？君子是一名有德者，是能夠進行價值判斷的人，他會思考事情是否合理與應然，而不只是盤算著現實利害。由此可見孔子的教育理想帶有濃厚的人文性質。這樣的人文性質在「古之學者為己，今之學者為人」這句簡短陳述中表露無遺。句子中的「古」與「今」不全然是描述歷史事實，「古」寄託了對理想世界的期待，帶有應然（BOX8）的判斷。「為己」之學重視成就自己的德性，沒有外在的功利目的；相對地，「為人」之學則是將學習視作達成外在目的的手段。儘管孔子不反對人追求富貴與利祿，然而在他的觀念中，「學」不能成為追求功利的手段，第一章所說的「人不知而不慍，不亦君子乎」其實就包含了這層意思。

孔子曾經反思一生為學所達到的境界，其中沒有談到任何事功表現，只著眼於精神生命的精進與圓熟。他說自己十五歲便「志於學」，以「學」作為實踐生命理想的方向；「三十而立」，明白自己在社會上的職分與價值定位；「四十而不惑」，指智性與情感發展成熟，不會輕易動搖價值觀念；「五十而知天命」，意思是能認清人生中的種種可能與限制，並且去實踐自己應該做的事；「六十而耳順」，

是說具有高度的理解力，對人情事理能夠通達與寬容；七十歲「從心所欲不踰矩」，呈現的是圓融而自由的生命形態，身處社會規範當中，又能夠從容自得。孔子說這番話的目的，並不在證明現代意義的「活到老，學到老」，而是以一輩子的反思與實踐，指出為學修養重在提升自我的精神境界。

綜合以上這些，我們可以看見，孔子所謂的「學」不只是向外學習特定的知識或者技能，也不是追求功利的手段，最重要的關鍵，是透過反思與實踐成為理想的人。

每個人可以透過「學」的歷程，逐步自我完善，成為更理想的自己。

相較於學習的內容與對象，孔子更重視學習的根本意義。他不將學習視作知識的追求與填充，而賦予學習更深沉的內涵。然而孔子所學並不虛浮難測，而是有具體對象，也有原則與方法。在某次與子貢的對話中，孔子申言自己並非「博學強記」，而是能夠「一以貫之」。「貫」指的是將分散的事物依照一個原則統整起來，避免支離瑣碎。那麼，孔子所學的「一」究竟是指什麼呢？通觀《論語》，可以用一句話概括孔門之學：「志於道，據於德，依於仁，游於藝。」這話雖然分成四截來說，意義上卻是互相涵融的。

提問 b：請搜尋《論語》中討論到「君子」的章句，比較不同章句中「君子」的意涵，與這裡所說的「君子」是否相同呢？

BOX8 應然：應然的語句表達應該如何、或者有義務如何，帶有價值判斷的意味；相對的，實然的語句表達是什麼、怎麼樣的情況，屬於事實的描述。分辨應然與實然的語句，有助於釐清語句的意義，在進行道德思辨的時候尤其重要。

以下四節將詳細討論這句話。

第二節：通往生命理想的道路

提到「道德」（morality）的時候，很多人可能會嗤之以鼻，認為那是僵化陳腐的教條，用來限制人的自由。這樣的觀念可能源於「道德」曾被用作為專制的工具，箝制了思想、傷害了社會與人心，因此大家對這個詞彙才有了負面印象。

實際上，任何一個社群要追求和諧與安穩，不可能不講究道德。根據一般的定義，道德起於社會文化與生活習俗，規範出人所應當遵行的價值觀念或者行為準則。就此來看，一旦時空條件轉化，道德的標準與優先次序也會跟著改變。什麼是適當的道德觀念與道德行為，可能會根據環境而產生不同的解讀。這些不斷隨著時代變動的道德價值，是個人安身處世以及群體和諧運作的重要準則。

要特別注意的是，以上所說的是現代語彙中的「道德」。這樣的用法，和古典文獻中提到的「道」或者「德」的意思相同嗎？如果不加辨析，很難真正理解古代文本的內涵。這一小節就來討論孔子所說的「志於道」。

文本選讀

1-2-1

子曰：「參7乎！吾道一以貫之。」曾子曰：「唯8。」子出。門人問曰：「何謂也？」曾子曰：「夫子之道，忠恕（提問c）而已矣。」（《論語・里仁》）

1-2-2

子曰：「人能弘道，非道弘人。」（《論語・衛靈公》

1-2-3

季路9問事鬼神。子曰：「未能事人，焉能事鬼？」曰「敢問死。」曰：「未知生，焉知死？」（《論語・先進》）

1-2-4

子曰：「士志於道，而恥10惡衣惡食者，未足與議也！」（《論語・里仁》）

注釋

7 參：曾參，字子輿。孔子的學生。世稱曾子。

8 唯：是。表示應諾之詞。

9 季路：仲由，字子路，或稱季路。孔子的學生。

10 恥：這裡有以……為恥辱的意思。

章旨詮釋

在中文字的表現中，往往是先透過具體的現象認識，然後才進入抽象的概念。

「道」就是一個具有代表性的例子。「道」(BOX9) 的古文字表示一個人走在道路中。根據這樣的字形，道的原始意思就是路，是人所行走的道路。道路是連接兩地的通道，可以通往另一處，因此「道」這個字後來又引申出途徑、方法的意思。人必須依循道路，才能抵達目的地，不至於迷失。因此「道」又引申出了原理、原則的意思。最後，宇宙人生中一切的自然規律、人為規範，或者最高的價值，也都可以統攝為「道」。從具體可感的字形符號出發，延伸到抽象的概念，我們可以看見「道」的概念如何由現實世界通往價值世界。(提問 d)

孔子自言：「吾道一以貫之。」表明他的思想具備著自覺反思後的價值核心。那麼那個核心是什麼呢？曾子說是「忠恕」。

「忠」指的是盡己，意謂著將自我充分地表現出來；「恕」指的是推己，意味著能同理他人。

忠、恕的前提都是人，由此也可以看出孔子的思想核心是人，孔子之道可以在人的世界中實現。

孔子提出了「人能弘道，非道弘人」的命題 (BOX10)，這意味著價值的根源內在於人，人能主動的判斷並實現價值。這裡說的「人」是全稱，泛指每一個人，沒有身份限制。儘管孔子的思想中也包含傳統

提問 c：參考章旨詮釋，說出這則章句中「忠」與「恕」的意涵，與現代所說的「忠誠」和「寬恕」有什麼不一樣？你覺得那種說法比較好？為什麼？

BOX9：道的古文字「」。

提問 d：根據這段內容，「道」具有哪幾層不同的意思？請舉出相關詞例加以說明。

BOX10 命題（proposition）：可以判斷為真或假的陳述語句。

的信仰色彩，但他曾斬釘截鐵的說過「未知生，焉知死」與「未能事人，焉能事鬼」，這說明了他的思想關懷仍在人身上，而且是活在現世的人們。

孔子的「道」為人類共行的大道，或者說是一份共同的生命理想，共同的精神價值。

他說「君子謀道不謀食」、「君子憂道不憂貧」，又說「士志於道，而恥惡衣惡食者，未足與議也！」這是用衣、食等物質生活條件做對比，說明對於一名道德的自覺者以及有生命理想性的人（士／君子）來說，價值選擇與精神性的追求（道）應當優先於物質享受（食、衣）。「君子」原本是指血緣上的貴族，而「士」原本是服務於公部門的基層貴族，孔子卻將這些詞彙轉化成追求自覺與理想生活的人。只要願意追隨此「道」，人人都可以成為「君子」、成為「士」，這是對於個人生命的絕大肯定。

第三節：學習是為了成為更好的自己

接下來要探討「德」(BOX11) 的思想內涵。「德」的概念一直到今天都還滲透在我們的生活中，而「德」字的用法通常關聯到個人的品性、特質、能力或者行為表現。

從字形來看，現在通用的「德」字帶有「彳」與「心」的偏旁。漢字的偏旁，經常表示對於事物的分類，暗示著那個詞語的屬性與內涵。「彳」經常與人的行為、動作有關，而「心」經常與人的情感、認知有關。「德」字的基本意涵兼有這兩方面的語意。

再從歷史文化的角度來看，「德」在過去不只是泛稱美德、德行而已，它具有特殊的思想內涵。德是周代立朝的核心價值。周初「德」的內涵關聯政治權力的合法性，當時周武王伐紂，代商而立，所持的理由就是商王失卻了那分源自於天的德。天德 (BOX12) 是什麼呢？就是讓生命能夠延續發展的力量。周人於是也戒勉子孫，必須要謹慎修持那份天所命予的「德」，否則天命也會再度轉移。想要延續天命，憑藉的不是向祖先祝禱，而必須依靠人自身修德。這樣的思維模式，已富有濃厚的人文色彩。

到了孔子的時代，他將「德」的概念轉向個人的自我修養，德便不再只是掌權者應盡的本分，而是每個個體都能實踐的價值，人可以透過修德讓自己成為更好的人。

接下來，我們來看孔子是怎麼闡述這樣的概念的。

文本選讀

1-3-1

子曰：「德之不修，學之不講 11，聞義不能徙，不善不能改，是吾憂也。」（提問 e）（《論語．述而》）

1-3-2

子曰：「君子懷德 12，小人懷土 13；君子懷刑 14，小人懷惠 15。」（《論語．里仁》）

1-3-3

哀公 16 問弟子孰爲好學？孔子對曰：「有顏回 17 者好學，不遷怒，不貳過 18，不幸短命死矣。今也則亡 19，未聞好學者也。」（《論語．雍也》）

注釋

11 講：講求，注重。

12 懷德：懷，思念、懷抱。德，德行、人固有的道德。懷德指在意如何存養自身的道德、精進個人的品格修養。

13 土：田產。也可以引申爲讓人心安逸、沉溺，易不思進取之處。

14 刑：通「型」，典型，指理想的價值典範。

15 惠：恩惠，此指私人的利益。

16 哀公：魯哀公，魯國春秋時代最後一個君王。

BOX11 德：東漢許慎《說文解字》解釋：「外得於人，內得於己也。」他以「得」釋「德」，進而從內與外兩個層面加以分析。「內得於己」說的是得之於自己的心，就是一個人有所自覺，曉得了自己的特殊性在什麼地方；「外得於人」說的是施加恩澤、德惠給別人，強調有利於他人的善行表現。

BOX12 天德：《易經》：「天地之大德曰生。」

提問 e：你覺得孔子為什麼擔憂這四個方面呢？生活中令你擔憂的又是哪些事情呢？

17 顏回：字子淵，孔子的學生。根據《史記》記載，顏回比孔子年輕三十歲，以安貧樂道著稱。顏回四十歲去世，孔子為此感到非常難過。

18 貳過：犯重複的過錯。

19 亡：通「無」，沒有。

章旨詮釋

第一則選文提到了孔子擔憂的四件事情，分別是：品德無法再琢磨精進；學問無法在生活中實踐；聽到正當合宜的道理卻不能遵從；有了不好的表現卻不能改進。這四句話都是跟自我的精進與完善有關。詳細一點來說：「修」是透過自我省察，讓自己內在的德行更加完整。「講」是「習」的意思，但不只是說由外向內的學習吸收，更多的是由內向外，將學到的學問實踐於生活中。「義」有正當、合宜的意思，孔子教人要固守符合社會規範與道德的想法、行為，一旦有所偏離，則必須要能夠隨時調整。「改」是修正自己不好的地方，使自身的認知與行為能更加完善。

由這裡可以看出孔子說的「據於德」，就是做一個「好人」。只不過，這樣的好人並不是完全由外在定義的，需要求之於自己的內心，然後表現在行為上，使生命內外充實而滋潤，才能完整。這是成就君子的修養歷程。孔子又曾說：君子在意的是如何自我成長、「精進品格（德）」，而小人最在意的是擁有田產財富（土）；君子在意的是價值的典範（刑），而小人在意的是私人的利益（惠）。

孔子的學生中，顏淵以「德行」著稱。孔子曾經讚美顏淵「好學」，稱他能「不遷怒」、「不貳過」，這兩方面亦從做人的德性修養方面確立為人的價值，而非強調博學多聞或多才多藝。「不遷怒」包含了高度的理性自持與情感調節的能力，因此能夠就事論事，不會將自己的負面情緒加在不相關的人事上。「不貳過」意指不犯同樣的錯誤，這裡強調的是顏淵能夠自我反省，真正去辨別所做的事情是否正確、良善，同時改過遷善的美德。

第四節：在愛當中，成全自己與他人

在孔子之前，「仁」雖然也用來稱讚人的美好、善良，但直到孔子，才從「人之所以為人」的角度，賦予「仁」獨到的哲理深度。根據《論語》，仁具有許多不同層次的意義，有的時候作為一般的德目，有的時候作為諸德的總稱，有的時候指真誠的情感，有的時候指德性的根源。

而孔子教學生實踐仁道，始終沒有從概念分析的角度給「仁」下過明確的界定。之後「仁」被視為孔子思想以及儒家思想的核心，開展出各種詮釋，成為孔子留給後世最珍貴的思想遺產。這小節就讓我們來探討仁的意涵。

文本選讀

1-4-1

子曰：「知者不惑，仁者不憂，勇者不懼。」(提問f)（《論語·子罕》）

1-4-2

樊遲 20 問仁。子曰：「愛人。」（《論語·顏淵》）

1-4-3

子貢問曰：「有一言而可以終身行之者乎？」子曰：「其恕乎！己所不欲，勿施於人。」(提問g)（《論語·衛靈公》）

1-4-4

顏淵問仁。子曰：「克己復禮爲仁。一日克己復禮，天下歸仁焉。爲仁由己，而由人乎哉？」顏淵曰：「請問其目 21。」子曰：「非禮勿視，非禮勿聽，非禮勿言，非禮勿動。」顏淵曰：「回雖不敏 22，請事斯語矣。」（《論語·顏淵》）

提問 f：在你認識的人當中，誰足以擔任「智者」、「仁者」、「勇者」的代表？舉出他們所做的事情，說明你的觀點。

提問 g：你認為哪個字值得終身奉行呢？請舉出來，並且加以闡述。

1-4-5

子曰：「仁遠乎哉？我欲仁，斯仁至矣。」（《論語 · 述而》）

注釋

20 樊遲：字子遲，孔子的學生。

21 目：具體的條目和做法。

22 敏：聰敏。

章旨詮釋

第一則文獻將「知」（智）、「仁」、「勇」三者並列，說明具備此三者的人所呈現的人格樣態。整句話的意思是說：真正有智慧的人，具有明晰的判斷力，不容易被迷惑；真正胸懷博愛的人，待人處事真誠坦蕩，因此沒有憂患；真正勇敢的人，內心堅強有韌性，不會害怕畏縮。這裡的「仁」有「愛」的意思，符合當時「仁」字的一般用法。

第二則孔子以「愛人」解釋「仁」，這就有更豐富的意義了。首先，孔子指出了愛的對象是人，這裡頭隱藏著人（包含自己和他者）是「仁」的前提，「仁」的完成必須被擺放在人我關係當中；其次，既然談到愛，表示「仁」包含了情感，而這份內在的情感，必須蘊含著人我之間自然的流露與回應。

「仁者，愛人」指出了人有愛的需求，愛人是仁當中那份真實情感的流露。進一步說，愛的完成也就是仁的實現。那麼該如何去做呢？孔子提出了「恕」作為行事的準則。當子貢問孔子，有沒有一個字可以奉行一輩子呢？孔子回答有，那就是「恕」。「恕」要怎麼表現呢？孔子說「己所不欲，勿施於人。」這裡的「恕」不是現代所說的原諒、寬恕的意思，而是人與人之間的同理心。

孔子肯定人的情感性，也預設了人與人之間擁有同情共感的可能。

「恕」表現出了人的自我反省能力，讓人不只活在自己封閉的世界裡，而能意識到他人的想法與感受。正是在這種情感相互傾注的關係之中，人才能學習如何去愛以及被愛，從而更加的認識自己，尊重對方，成為更成熟的人。一個真正懂愛的人，不只成就自己，也會願意成就他人；「仁者」不會只想到自己，而總是把別人放在自己心上。所以孔子又說：「仁者，己欲立而立人，己欲達而達人。」

在另一次與顏淵的對話中，孔子提出了「克己復禮」做為行仁的途徑。在這裡，「己」是指私人的慾望，而「禮」指的是公共生活的秩序，「克己復禮」（提問 h）強調仁的實踐必須要能夠克除私心慾望，使得行為表現合乎公共的理想秩序。當顏淵接下來請教應當如何具體實踐的時候，孔

子回答，生活中的視、聽、言、動等種種行為，都不能夠放縱自已的慾望，要懂得用禮來加以節制。

很有意思的是，孔子給顏淵的答覆，除了「克己復禮為仁」之外，還提到了「為仁由己」（提問 i）。不過「由己」與「克己復禮」究竟有沒有矛盾呢？關鍵在對「己」的理解。常識性的將「己」直接解釋成「自己」，這當然沒有錯，但是無法解決到底是要「由己」還是要「克己」？是要順從自己還是要克制自己？因此就必須分析出「己」的兩個層面。孔子對人的理解是深刻的，如果說「克己」的「己」是私我，那麼「由己」的「己」不妨稱之為真我。「為仁由己」是說，仁的實踐是每個人都能做到的。強調的是仁的內在性，以及每個人都有實踐仁的可能。

順著這樣的思路走下來，後來孟子主張的「性善」就可以是「為仁由己」的發揮：強調每個人都具備著道德的根源以及道德實踐的主動性。另一方面，「克己復禮為仁」這一端的思想，就可能被與荀子思路相近的學者強調，因而發展出著重於如何面對人性私欲，重視後天教化的學說。我們在第二單元會再詳細討論這兩者的異同。

「為仁由己」具有更深刻的理論意義。孔子講的「愛」不是動物性的情感或

提問 h：這邊將「克己」解釋為克除自己的私慾。另外「克」也可以解釋成「能」，「克己」就會被解釋成「能己」，解釋為「成全自我」。思考這兩種解釋的差別，你比較同意哪種說法？為什麼？

提問 i：這段文章比較了「克己復禮為仁」以及「為仁由己」兩個概念，請先舉出一個實際的情況，說明他們的意思。然後，說說看你比較傾向於相信哪一種說法，為什麼？

慾望，而是人透過自我反思後選擇的恰當表現。這樣的「愛」既是情感性的，也是道德性的。而「仁」也不是個別的道德條目而已，「仁」表示道德的根源，這樣的根源是內在於人的。因為人是道德的主體(BOX13)，所以才說「為仁由己」。「根源」意謂著使事物成為可能的基礎，這裡說的道德根源，就是使所有道德思考與實踐成為可能的基礎。

「為仁由己」是肯定了每個個體的價值根源，超越了貴賤、貧富等後天差異，是人可以自主實現的，在這樣的思路中，更蘊含了一份自由（自己選擇）與平等（人人皆可）的價值。

所以孔子說：「仁離我很遠嗎？當我想要實踐仁的時候，仁就在這裡了。」這並不是一句玄虛莫測的話，而是一名仁者的經驗談。

第五節：走向美善合一的和諧人生

古代以禮、樂、射、御、書、數為「六藝」，用來統稱貴族基礎教育的知識與技能。孔子年少的時候也受過這些教育，並且因為博學多能的緣故，受到當時人的稱讚。然而「游於藝」的藝雖然以六藝為主，卻不必局限在狹義的六藝範圍裡，凡是社會人生中的知識與技能，都可以包含在內。從現代的角度來說，學術、科學、工程、醫療、藝術、體育、烹飪……各種人文活動都可以算是「藝」。

在孔子的時代，詩、禮、樂是學習的主要內容，也是《論語》所謂「游於藝」的最佳說明。這一小節主要討論孔子對於詩、禮、樂的看法，並且試著詮釋出其中的人文價值。在此，有必要先概述一下古代的禮樂精神。

「禮樂」原本帶有宗教祭祀的意涵，古代禮儀進行時亦講究配樂，因此禮、樂經常並稱。西周初年，周公「制禮作樂」其實是將禮樂的宗教性質轉化為政治性質，同時以德作為禮樂的精神。這是人文精神發展過程中的一個重要里程碑。

後來，「禮樂」被視作人文活動的總稱，理想是建立一套天地之間的和諧秩序，成為人賴以生活的憑藉。

借用《禮記》(BOX14)的話來解釋：「樂者，天地之和也；禮者，天地之序也。」這句話是說，樂的核心在「和」，表現在天地萬物生長的那份和諧性；「禮」的核心在「序」，表現在天地萬物生長的那份秩序性。和諧與秩序，表現的是對於公共生活的終極理想。如果只講「禮」，可能會偏向於僵化教條；如果只講「樂」，可能流於個人情緒抒發。禮、樂並稱，才足

以展現個人與群體交融、情感與理智均衡的狀態。

然而隨著時代變遷，原本的政治秩序與社會結構產生劇變。到了孔子的時代，原本負責維繫社會安穩的禮、樂遇到了危機。最大的危機就是禮、樂變成繁瑣而空洞的形式，人們忘卻了禮樂的精神。面對這樣的時代，孔子對於禮、樂有了新的反省與詮釋。

文本選讀

1-5-1

子曰：「禮云禮云，玉帛 23 云乎哉？樂云樂云，鐘鼓云乎哉？」（《論語・陽貨》）

1-5-2

子曰：「人而不仁，如禮何？人而不仁，如樂何？」（提問 j）（《論語・八佾》）

1-5-3

子謂伯魚 24 曰：「女 25 爲《周南》、《召南》26 矣乎？人而不爲《周南》、《召南》，其猶正牆面而立也與？」（《論語・陽貨》）

1-5-4

子曰：「〈關雎〉樂而不淫 27，哀而不傷 28。」（提問 k）（《論語・八佾》）

1-5-5

BOX13 主體（subject）：在一般的哲學用法中，主體是指有認識與實踐能力的人。這裡說人是道德的主體，意謂著人能夠認識並且實踐道德。

BOX14《禮記》：儒家經典之一，約成書於戰國時代，保留了許多關於禮的思想文獻。

提問 j：這則章句中，「仁」與「禮樂」的關係是什麼？你能舉出生活中的例子，說明這樣的關係嗎？

提問 k：查閱〈關雎〉全篇，根據詩中內容與情感，說明孔子所說的「樂而不淫」、「哀而不傷」，具體是指什麼。

子曰：「興於《詩》，立於禮，成於樂。」（《論語 · 泰伯》）

注釋

23 玉帛：玉器和絲織品。兩者都是古代名貴的物品，可用為諸侯朝聘或嫁娶行聘、祭祀等典禮物品。

24 伯魚：孔鯉，字伯魚，孔子的長子。

25 女：通「汝」，你。

26 周南、召南：《詩》「國風」的前兩部分，這裡借指《詩》。

27 樂而不淫：表現出喜樂的情感卻不過度。淫，過度、不適當的。

28 哀而不傷：表現出哀戚的情感卻不會過分悲傷。

章旨詮釋

任何具體的制度、習俗、規範等等，只是禮樂在特定背景下的呈現，並非禮樂的精神。面對時代的變化，孔子並非不知變通的保守者，但他呼籲重視禮樂的精神。他曾經提示在繁複的儀節背後，禮樂應當存在著更為根本的精神價值。因此他問：「禮啊禮啊，難道只是玉帛那樣的物品嗎？樂呀樂呀，難道只是鐘鼓那樣的樂器嗎？」

其實孔子是有答案的，禮的內在精神就落在「仁」。所以才又說：如果缺少了「仁」，人還要禮、樂做什麼呢？對孔子來說，禮樂不只是外在的典章制度、行為儀式，或者具體可感的器物而已，真正的禮樂包含著人的真實情感，而那份真實情感的源頭也就是「仁」。

可以說，孔子用「仁」詮釋禮、樂的精神，將他們從原本側重於宗教、政治的意涵，向所有個別的人敞開，同時試圖化解古代禮樂所面臨到流於形式的危機，賦予了禮樂活潑的人文價值。

除了禮、樂之外，孔子教學生的「藝」最重要是《詩》。孔子談《詩》，重在人生命情感的引發。(提問 I) 他說人如果不讀《詩》的話就好像面對著一堵牆站著，生命的情感無由流動（「人而不為周南、召南，其猶正牆面而立也與！」）。

又說「〈關雎〉樂而不淫，哀而不傷」，這就是強調詩歌不僅引發人的情感，還具有調節情感的作用，當然這裡頭也包含了認識自身的情感。

從今天的觀點來看，這裡所說的「詩」不必然專指《詩經》，而可以泛指所有的足以引發人情感的藝術或者人文活動。

《論語》論《詩》，也曾與禮、樂連著說。孔子說：「興於《詩》，立於禮，成於樂。」「詩」、「禮」、「樂」三者的特質與關聯是什麼呢？「興於詩」是說

透過詩的興發感動的力量，人的情感受到引動與萌發。「禮」有「秩序」的內涵，重點在分別出各自的職分與責任，使人各安其位、各守其份；禮又有倫理的、社會的、歷史的、宗教的不同層面的意涵。因此「立於禮」可以是說人能把握倫理、社會、歷史、宗教的秩序，從而安頓自己。「樂」的精神是「和」，使人在禮的秩序架構之中不會流於僵固，而能保持情意的潤澤，這裡頭其實就包含著審美的感受。因此「成於樂」是說人的情感臻於成熟，在這種成熟的狀態中，道德與美感是融合在一起的。這也呈現出孔子人文精神的一大特色。

孔子重視詩、禮、樂的教化，就是希望藉由學習文化知識，參與文化活動，讓人能夠不斷地反思與實踐，一步一步去了解自己，完善自己，並且瞭解人類生命與生活的通則，將自己納入整體之中，成為一名具有價值判斷與價值實踐能力的人。

總結這一個小節，孔子將「游於藝」接在「志於道、據於德、依於仁」後頭，是說人生中的種種活動，無論是學術知識或者技術才藝，都可以作為「志於道、據於德、依於仁」的表現；從另一方面來說，這種種「游於藝」的人文活動，也可以作為對於志道、據德、依仁等價值的追求和實踐。

提問1：這段說到，詩歌可以引發人的生命情感，你同意這個觀點嗎？請舉出直接或間接的經驗支持你的看法。

問題與討論

1. 學習這個單元之前，你認為「人文精神」是什麼？學習完這個單元，你認為「人文精神」是什麼呢？簡單記下來。然後說說看，你的想法為什麼會一樣或者不一樣？

學習之前對人文精神的看法	學習之後對人文精神的看法

2. 「這個單元選讀的文本，哪一則對你啟發最深？哪一則最感到困惑？哪一則你最不同意？」寫下來，並且簡要的說明理由。

	啟發最深	最感困惑	最不同意
文本抄錄			
說明理由			

3. 這個單元以「志於道、據於德、依於仁、游於藝」這句話，詮釋孔子之「學」的內涵。請思考：「學習」對於你的意義是什麼？你希望藉由「學習」成為一個怎樣的人？為了更靠近自己的理想，你可以如何安排「學習」的內容與方式？與同學討論，分享你的看法。

4. 人工智慧的發展，將對未來社會與經濟產生巨大的影響，並且改變人的生活方式與互動關係。請先搜尋相關資料，認識人工智慧可能對社會造成怎樣的具體影響，然後在這樣的背景下思考：「人文精神」在現代與未來還有意義嗎？

第二單元

人性與安身立命

人性內涵在理想生活中扮演什麼角色

導言

人性，是古往今來每一個思想家都會碰觸到的議題。人性是複雜的，有很多不同的層面，思想家們論及人性時，也會從不同的角度切入，重視的層面也各異。

不過，當代的思想家們談論人性，並不只是要釐清「人性」的內容是什麼，更重要的，是談論人性在文明的發展過程中，發揮了什麼樣的作用，又產生了哪些具體的後果。

事實上，一切文明的進展都是有跡可循的，文明與人性是交互影響的。

人性的多面向驅動著文明變化，但文明與歷史的演進也讓人性的表現日趨複雜。當我們觀察中國古代思想家的人性觀時，也要注意到這是當時社會與歷史脈絡下的思想產物。人性，包含了人類原始的需求、慾望與種種關懷，緩緩推動著歷史的轉輪，人們歷經無數次的群居、遷徙、交流、攻伐，世界也才慢慢變成現今的模樣。

無論是物質或制度的發展與演變，都與人性息息相關，為了滿足人們的慾望、解決社會的問題，新的物質文明或制度會不斷出現，取代舊的生活模式。在這樣的發展過程中，新的問題也會持續產生。人與人群、人性與文明如何互相影響，從古老的年代就被持續討論著。我們在這個單元中，將會試著從《孟子》、《荀子》、《老子》以及《六祖壇經》中的篇章來展開討論，一步一步思索不同觀點下的「文明與人性的關係」。

我們今日面對的是一個嶄新的時代，且這個時代依然持續劇烈變動著。我們迎來了許多現代的事物與概念，這些都是過去所無的，比如：追求民主與自由的公民社會、以民族主義凝聚成的現代國家、持續加速的資訊交流媒介、席捲全球的資本主義等等。現代社會的這些潮流或制度，與歐洲十八世紀的啟蒙運動 (BOX1) 思潮有關。對比過去的材料，我們可以試著探討從過去到當代，人性與文明 (BOX2) 的關係有哪些部分仍持續變動，又有哪些是亙古不變的。

第一節：人性善惡與道德根源

中國古代關於人性的討論很早，最有名的當推孟子 (BOX3) 的「性善」與荀子 (BOX4) 的「性惡」說。不過，在孟子之前，社會上已存在著許多對於人性的討論了。

有一個古老的說法叫做「生之謂性」(BOX5)，「性」這個字包含了人的生理、血氣等與生俱來的反應與特質，這些都被

視為人性。孟子談人性，目的不在釐清人性的成分，而是要透過這些前提來確立一個人該如何自我提升，成為一個真正的「人」。

在孟子的觀點中，「人」與「禽獸」之所以有別，關鍵就在人生來就有道德的意識，這是他所謂的人之「性」。人在評估該不該去做某件事時，考量的不僅僅是這件事的效益，還包含了許多其他的價值層面。人性當然也包含了與其他動物相同的生理反應，只是這些對孟子來說，除了這些特質以外，人性中還有更值得重視的成分，也就是所謂的「善端」（善的起點）。

孟子性善說的「善」，指的並不是人人皆為樂善好施的好人，他只是強調人性中存在著道德的根源或者為善的可能性。

值得注意的是，孟子的性善說在當時並沒有成為主流的人性觀，多數思想家們探討人性問題時，依然將重點放在人性的「欲望、惰性」等層面，重視這些「實然」的問題。這些思想家的目的，並不是探討人性究竟為何物，而是進一步提出政治實踐的方法，包含人在社會上的本分與責任、社會制度等層面的問題。其中最有名的，當推歷來被認定為「性惡」說創始者的荀子。

以下，我們分別看一段《孟子》與《荀

BOX1 啟蒙運動：法國大革命前的思潮。傳統的思想模式及社會組織提出質疑，相信理性能帶來進步，並以此基礎建立普世價值。康德認為啟蒙運動將會將人們自無知、不成熟甚至錯誤的狀態中解放。

BOX2 文明（Civilization）：源於拉丁文「Civilis」，有「城市化」和「公民化」的含義，引申為人們在社會上共同生活、分工合作的狀態。文明也有先進的意思，與野蠻、蠻荒的概念相對，包含一切理性的、進步的價值。在人類學和考古學中，文明指人們群居，且有相當程度的文化與經濟發展之地區。

BOX3 孟子（西元前 372 年－西元前 289 年）：名軻，戰國時期鄒國人。儒家的代表人物，後人習慣以孟子為孔子思想的繼承者。政治理念上主張民貴思想，推崇革命精神，思想記錄於《孟子》一書中。

子》的文字，試著從不同的角度看看兩位思想家由人性展開的討論。

文本選讀

2-1-1

孟子曰：「人皆有不忍人之心[1]。先王[2]有不忍人之心，斯有不忍人之政矣。以不忍人之心，行不忍人之政，治天下可運之掌上。所以謂人皆有不忍人之心者，今人乍見[3]孺子將入於井，皆有怵惕惻隱[4]之心。非所以[5]內交[6]於孺子之父母也，非所以要譽[7]於鄉黨朋友也，非惡其聲[8]而然也。由是觀之，無惻隱之心，非人也；無羞惡之心，非人也；無辭讓之心，非人也；無是非之心，非人也。惻隱之心，仁之端[9]也；羞惡之心，義之端也；辭讓之心，禮之端也；是非之心，智之端也。人之有是四端也，猶其有四體[10]也。有是四端而自謂不能者，自賊[11]者也；謂其君不能者，賊其君者也。凡有四端於我者，知皆擴而充之矣，若火之始然[12]，泉之始達[13]。苟能充之，足以保四海；苟不充之，不足以事父母。」(《孟子．公孫丑上》)

注釋

1 不忍人之心：意指見到他人的苦難心有不忍。

2 先王：指古代的聖王。

3 乍見：突然看到。

4 怵惕惻隱：怵惕，恐懼警戒。怵，音「ㄔㄨˋ」；惻隱，悲痛憐憫。

5 所以：用此、用來。

6 內交：接納、結交。內，同「納」。

7 要譽：求取好名聲。要，音一ㄠ，求取。

8 惡其聲：惡，厭惡；聲，名聲。這裡的意思是厭惡自己見死不救後得到的惡名。

9 端：開端、起點。

10 四體：四肢。

11 賊：傷害。

12 然：同「燃」。

13 達：開通，此指水開始流動。

章旨詮釋

這段文字主要在闡明每個人都有所謂的「不忍人之心」，所謂的不忍人之心，就是在看到他人面臨困苦危難時，心中會產生的「不安、不忍」的感受。孟子認為，古代的聖王就是因為具備「不忍人之心」，因此才能行所謂的「不忍人之政」。「不忍人之政」指的就是孟子一直提倡的「仁政」，具體點描述大概是：上位者治理天下時以「仁」為最高價值，關懷人民，為

天下謀出路，令治下百姓能夠安居樂業，好好生活。

孟子接下來舉的例子，很能夠直接說明他的性善思想。「乍見孺子將入於井」，意思是突然之間看到有個小孩子即將要掉到井裡面了，在這樣的情況下，人人都會產生「怵惕惻隱之心」。「怵惕」是不安、驚懼的感覺；「惻隱」則是不忍、憐憫的感覺。孟子透過這個例子，說明人人在這樣的情況下，都會產生相同的感受，回頭說明人在這方面的普遍性。

在這則例子中，「乍見」兩個字是很重要的設定，指出「怵惕惻隱之心」產生於一切念頭之前，是一種出於人性本能的反應，人們沒辦法透過任何理性方式阻止這樣的感覺發生，同時也不帶有現實的功利目的。孟子接著解釋，這種感覺產生的原因，並不是人為了要藉此結交孺子的父母，也不是為了博取在鄉黨朋友間的好名聲，更不是因為厭惡自己見死不救後的惡名，就純粹只是在一瞬間，產生了「不安、不忍」的感受，心中有著「不希望此事發生」的反應。

孟子將這樣自然而然在瞬間產生的情感反應，視為人「為善的起點」，人類一切的善行，都因為有著這樣的反應而可能。孟子認為，人性中必然有產生「惻隱之心」的源頭，同理，「羞惡」、「辭讓」、

BOX4 荀子（西元前316年－西元前237年）：名況，受尊稱為荀卿，又稱孫卿。戰國時期趙國人，儒家代表人物，曾擔任齊國稷下學宮（當時的國君智庫）祭酒。有韓非、李斯等弟子，著作經後人編纂成《荀子》一書。荀子在思想上重視聖王倫制，比起孔孟更重視實效。

BOX5 生之謂性：就文字的演變來看，古時的「生」與「性」是同一個字。先秦學者談論人性，最主流的觀點就是「生之謂性」。意思是一切與生俱來的都是人性。《孟子》一書中常出現的「告子」，就是主張生之謂性的代表人物，著名的「食色，性也」之說即由他提出。這類看法著重在人動物性的一面，孟子則針對這個觀點提出性善。

「是非」之心，也一樣存在於人的本性之中，如果沒有這些本性，人就不是人。此處所舉的例子，只能輔助說明惻隱之心產生的過程，關於其他三者，孟子沒有另外舉例說明，但能透過這個例子，試著推想另外三者在人性中又是如何作用的。（提問a）

所謂「羞惡之心」，指的是人在某些情況下，會對某些事物感到羞恥或厭惡，產生排拒感。這樣的排拒感並不需要經過理性思索，和前面的惻隱之心相同，都是先天就存在人心中的、自然而然會產生的反應，並沒有特別的目的。因此，這樣的排拒感與動物性的閃避危難的本能反應不同，也非來自於後天經驗的學習。

依照孟子的邏輯，後面的「辭讓」與「是非」之心被觸發的條件應是類似的，人會產生這四種感受，都不是因為有什麼立即的好處，是不需要經由理性思考就會產生的反應。

由這樣的脈絡來看，孟子所謂的「辭讓之心」與實際「辭讓的行為」有別，他指的是在某些情況下，人並不全然以自私、自利的行為優先考量，不會搶佔所有資源。「是非之心」也與理性的思考辨別不同，他指的是人類本身就有作出基本的是非判斷的能力。

人去做某件事時，不只會考慮效益，也會思考這件事情本身是不是「應當的」、「正確的」，有時候被判定為正確的事，人甚至可能不計一切後果去完成。

孟子將這四者分別配以仁、義、禮、智四個道德綱目，強調這四者皆內在於人心，是人與生俱來的能力。雖然分成四方面來說，但都反映出人內在具有價值判斷能力的道德根源，這是孟子「性善」的大致概念。不過，孟子談論「不忍人之心」，依然接著談「不忍人之政」，自這一點來看，孟子仍然關心政治問題，一方面反思人性，另一方面也反思如何實踐其政治理念。因此最後才又說：如果能擴充這樣的性善之心，發為行動，則可以養護四海之內的人民百姓。

文本選讀

2-1-2

人之性惡，其善者僞 14 也。今人之性，生而有好利焉，順是 15，故爭奪生而辭讓 16 亡焉；生而有疾惡 17 焉，順是，故殘賊 18 生而忠信亡焉；生而有耳目之欲，有好聲色焉，順是，故淫亂 19 生而禮義文理 20 亡焉。然則從 21 人之性，順人之情，必出於爭奪，合於 22 犯分亂理 23，而歸於暴 24。故必將有師法之化 25，禮義之道 26，然後出於辭讓，合於文理，而歸於治。用此觀之，人之性惡明矣，其善者僞也。

（《荀子·性惡》）

注釋

14 偽：人的作為，這裡指後天的教化，用以矯正人的本性。

15 是：此。

16 辭讓：推辭，禮讓。

17 疾惡：憎恨、厭惡。疾，同「嫉」。惡，音ㄨˋ。

18 殘賊：傷害。

19 淫亂：放縱而悖於禮法。淫，氾濫的、過度的。

20 文理：禮節制度、條理秩序。文，同「紋」。

21 從：音ㄗㄨㄥˋ，同「縱」，放縱。一說讀為ㄘㄨㄥˊ，指跟從。

22 合於：此處的意思是「（若循著上述情況）就會……」的意思。

23 犯分亂理：僭越名分，混亂條理。

24 暴：本指殘酷兇惡。此處與後文的「治」相對，指暴亂，用以形容失序的社會。

25 師法之化：師與法的教化。「師」在荀子的觀點裡是足以做為表率的引導者，可以身作則，引導人向善。「法」指社會規範，包含了禮義，不只是就法律而言。

26 道：導正，同「導」。

提問 a：孟子舉出了「惻隱」、「羞惡」、「辭讓」與「是非」等四端，但在舉例說明時只談了「惻隱之心」。就寫作來說，這可能是運用了怎樣的手法？就論述邏輯來說，又可能產生什麼問題？

章旨詮釋

「人之性惡，善者偽也」，意思是人的性是惡的，而之所以會有善的一面，是因為「偽」的緣故。

偽就是「人為」的意思，也就是「人的作為」，是一切後天加在人身上的教化。

荀子要談的從來都不只是「性惡」這件事，而是「既然人性是惡的，那該如何化除它」。荀子指出人生來就喜好追逐利益，因而會互相爭奪。人生而會產生嫌惡仇恨等暴戾情緒，順著這個本性去發展，人就會互相殘害。人生來也喜好「聲色」，有「耳目之欲」，如果放縱這些慾望，人就會不知節制，放任慾望橫生，禮義等約束人類的規範條理就會消失。

荀子所謂善與惡的分際十分清楚，他在意的一直是「群居社會」的問題：凡是對整體人類共存有益的，即是「善」的；凡是對人們共同生活有害的，即是「惡」的。

是以，爭奪、殘害，會直接傷害到人類的和平，所以是惡的。慾望不加以節制，禮義規範失能，也就會破壞人們和諧的秩序，當然也是惡的。荀子認為，如果只是單純順從人的本性，人們只會互相爭奪，互相殘害，是不可能群居而發展出文明的。

荀子後來提出「師法之化」、「禮義之道」，已經勾勒出一個受規範的社會樣態，透過「師法」、「禮義」，才能讓人不再爭奪，讓人與人的相處有法度、有準則，社會才會安定。在荀子看來，人性本然就是動物之性，確實可能存在不利於群居的成分，但經由學習，絕對能夠成為更適合社會的人，而社會經由這樣的過程，才能夠臻於美善。

荀子看待人性的方式在那個時代並不算特出，所有論及人性的思想家，都會注意到人性中惡的一面，就連主張性善的孟子也是如此。只不過，孟子在意的是如何發展人性中本有的「善端」，荀子則著重於如何安頓這些社會間可能存在的惡。後來的人將孟子與荀子的人性論特別提出來談，又沒有分辨他們對於「性」或者「善」、「惡」的界定並不相同，才凸顯了性善與性惡這兩個說法對立的層面。（提問 b）

第二節：文明問題中的人性反思

思想家們對人性的討論，基本上都離不開政治思考，他們的關懷不停留在抽象的理論概念，而是能不能將人們帶往更理想的現實生活。但有別於孟子、荀子那樣的思路，先秦思想中也存在著另外一條思

路，是從對文明的質疑出發，再轉過來反省人性的問題。

孟子和荀子在後代都被歸為儒家的人物，儒家思想有一個重要的共通點，他們雖然承認文明中有諸多弊病，但不否定當時以禮樂制度為核心的社會體制。他們透過對人性的反思，以及對現實的觀察，提出解決既有問題的方法。在這一點上，時常被視為站在儒家對立面的道家，就有很不一樣的見解。

道家更傾向於質疑、批判現有的文明，他們對於人性的討論，目的也在於提出另一種文明的構想。

當儒家思想家對道德概念予以正面詮釋時，道家卻往往從更根本的角度反思道德的意義。

回到本單元所討論的人性問題，如果說儒家是由對人性的反思進一步探討文明的出路，那麼道家就是由文明問題回歸更原始的人性討論。既然人性影響了文明的發展，那麼若要針對這些文明進行批判，則必然要回歸更根本的人性問題。以下我們選錄了兩段《老子》(BOX6) 的文字。

文本選讀

2-2-1

五色 27 令人目盲 28；五音 29 令人耳聾 30；五味 31 令人口爽 32；馳騁田獵

提問 b：根據以上對《孟子》、《荀子》人性觀的分析，你認為孟子的「性善」與荀子的「性惡」有衝突嗎？為什麼？

BOX6《老子》：又稱《道德經》，是中國「道家」思想最根本的經典。《史記》記載老子叫做李耳，本是「周守藏室之史」，也就是負責管理周王室古代典籍的官員。他從這些記載了古老思想的文獻裡慢慢融貫出一套獨特的思想，寫成《老子》一書。

33，令人心發狂 34；難得之貨，令人行妨 35。是以聖人爲腹不爲目，故去彼取此。《老子・十二章》

2-2-2

寵辱若驚 36，貴大患若身 37。何謂寵辱若驚？寵爲下，得之若驚，失之若驚，是謂寵辱若驚。何謂貴大患若身？吾所以有大患者，爲吾有身，及吾無身，吾有何患？故貴以身爲天下，若可寄 38 天下；愛以身爲天下，若可託天下。《老子・十三章》

注釋

27 五色：繽紛的色彩。中國過去以五行木、火、土、金、水搭配五種顏色青、赤、黃、白、黑。這些色彩被應用於服飾上，亦含有過去尊卑差等的觀念。

28 目盲：眼睛失明，意指失去其本有之功能。

29 五音：俗世的樂音。中國古代有正五聲，即宮、商、角、徵、羽五個音階，此處則泛指所有的樂音。

30 耳聾：耳朵失聰。此與「目盲」同，都是指感官失去功能。

31 五味：酸、苦、甘、辛、鹹。此處泛指一切味道甘美的食物。

32 口爽：口味錯亂。此處意指舌頭已失去判別味道的能力。爽有偏差、錯亂之意。

33 馳騁田獵：馳馬打獵。

34 心發狂：情緒精神極為興奮。

35 行妨：妨礙人的行動。另有版本作「仿」，通「放」字，意指放縱人的欲望。人無法控制自己，放縱了欲望，一樣會影響本來的行動決斷，這兩個版本在字義上有別，但整體文句在解釋上可以是不衝突的。

36 寵辱若驚：寵有榮耀的意思，與辱相對。這裡的意思是寵與辱都讓人感到出乎意料。

37 貴大患若身：將大患這件事情看得極重，擔憂禍患及身。貴，重視；在此用作動詞。

38 寄：意思與下文的「託」相同。

章旨詮釋

這世界有繽紛的色彩、繁複的聲音以及豐富的味道，觸動著人的視覺、聽覺與味覺，老子稱之為「五色」、「五音」、「五味」。這些本該是美好的事物，在老子看來，卻是讓人感官失去功能的存在。單看前面三句，沒辦法判斷老子想表達的概念是什麼，但接下來的句子提供了一些

線索。「馳騁田獵」，指的是在原野間馳馬打獵，這個活動最初是為了獵取一些獵物用於祭祀，但後來在中國春秋時代的貴族間漸漸成為一種流行。「馳騁田獵」會讓人產生興奮的情緒，是所有感官刺激的集合，這樣的活動讓人心神陶醉，即為老子所謂「心發狂」。「難得之貨」指的是難得的貴重珍寶，這些物質會勾起人的貪欲，讓人控制不住自己，影響原來的判斷與行動，這就是「行妨」。根據這兩句的解釋，我們可以理解老子認為欲望若無限擴張下去，人會喪失很多本該有的能力。從這個概念回去看前面三句，大致可理解這些美好的聲色與味覺，為何會讓人迷失其中。

「聖人為腹不為目」這句比較難理解，根據「是以」兩個字判斷，應是延續上面的論述得出的結論。「為腹」(提問c)字面上理解是「為了肚子」的意思，若就自身而言，可以指「填飽自己的肚子」。然而，古代的「聖人」都有政治領袖的身份，若就聖人在社會中的定位而言，這句話就可以是「為了百姓之腹」的意思。整句就可理解為聖人治理天下，會為了人民的三餐溫飽著想。「為目」應是泛指前面所提到的種種耳目之欲，在句型上看來，必須要與「為腹」是相對的，甚至是相衝突的。「故去彼取此」，意思是聖人理

解哪個才是重要的，所以捨去了「為目（彼）」而選擇更根本的「為腹（此）」。

從整段文字的脈絡來看，「為腹」所涵蓋的範圍是人的基本生理需求，而「爲目」則是由感官功能延伸出去的種種欲望，這兩個層次是不同的，一個是「必要的」、「基本的」，另一個則是「非必要的」。

老子此處所展開的思考，是「人在這世界上究竟需要些什麼？」，為什麼在滿足了基本的生活所需之後，還會有無窮無盡的欲望出現呢？

根據這段文字的敘述，這個世界上種種能夠滿足感官知覺需求的事物，都會誘發人心底的欲望，使其擴張，但一旦深陷其中，很可能會失去那些「本就有的」，因而迷失在欲望森林之中，卻忘了自己為什麼活著。（提問 d）

在下一段文字中，老子談了寵辱、自身與天下的關係，如果從人的欲望這個角度切入，這兩段文字所推展的討論是有延續性的。所謂「寵辱若驚」，指的是在「得寵」或「失寵」時，人皆會為此感到心驚。此處的「寵」有榮耀的意思，與後面的「辱」相對。照理來說，寵與辱應該要一併被提及，但其後的文字卻只提及了「寵為下」，未再提到「辱」。如果文本的敘述脈絡依然是完整的，那我們可以合理判斷寵與辱這組看似相對的概念，其實是位於同樣層次的。只要說明「寵為下」，就一併說明了「辱」的情況。人無論受寵或受辱，都處在被動的位置，只能消極等待有權力施予恩威的一方有所作為，命運也任人擺佈。

寵與辱在很多情況下也是一體兩面的。人因為有榮寵，是以才會受辱，因為在意寵，所以會受寵若驚，反之亦然。老子接著提供了一個思考方向，稱「吾所以有大患者，為吾有身，及吾無身，吾有何患」。由這段文字可知，「有身」是產生「患」的重要原因或條件，而人一旦能夠「無身」，則「患」也就不會有了。這段話乍看之下可能有點難以理解，不過我們可以接續後面的文字試著整理一下文意。「貴以身為天下」、「愛以身為天下」這兩句意思大致是一樣的，指人將自身等同於天下。「寄」和「託」意思一樣，是以「可以寄天下」、「可以託天下」兩句也可以合併起來看。這兩句話有一個常見的解釋，是一個人一旦能夠以自身為天下，天下就能夠託付於此人，這個人就是古時所謂的聖人、聖王。當然，這段本沒有提到聖人或聖王等字眼，所以我們也很難斷定這裡指的一定是聖王的境界。不過，不管從什麼角度來看，「可以寄、託天下」都應是老子所肯定的境界，與前面一併來

看，人能夠「無身」以至於沒有「大患」，顯然是這一切的前提條件。

　　這裡的討論引出了一個問題：「無身」與「以身為天下」的關係又是什麼呢？這兩個狀態在這段文字中顯然都是老子所肯定的，中間又沒有其他字句指出這兩者之間有什麼過渡、演進的關係，我們可以暫時將這兩者當做同一件事來思考。一個人身在這世界上，本就有形體，「無身」自然不是捨棄這個軀體，而是在精神境界上已不再以此身為己有。配合前面關於寵辱的討論，大致可以理解這段文字的意思，應是：

唯有人不再視此身（私我）為己有，才能真正忘懷榮辱，不再患得患失。

　　在老子所認知的世界中，宇宙運行有一個自然的法則，被稱之為「道」，當人只在意自身時，生命與意識的運作方向與世界不同步，就可能會產生衝突，進而興起諸多得失心。無法理解或感受到自身也是天地自然的一部份。從這個角度理解，就可以知道為什麼「以身為天下」就是「無身」了，因為在意的已不只是自己，心中所思所想，都與這個世界運行的方向同步，諸多碰撞衝突自然不會出現，也就沒有了大患，沒有了寵辱得失。「無身」並不是捨棄形軀與生命，而是讓身體等同於天下，讓己身生命的運行合於自然的運

提問 c：「聖人為腹不為目」的「為腹」只能理解成人的基本生理需求嗎？有沒有其它的詮釋可能呢？能從文本中找出根據支持你的想法嗎？

提問 d：請試著根據這段文本以及前一小節的文本，比較老子和荀子對於欲望的認知有何異同，面對欲望的態度又有什麼差別。

行，而不再只將目光集中於自身，計較一己私欲私利，卻與世界的運行格格不入，甚至背道而馳。

此處的「身」自然與前面提及的「欲望」脫離不了關係。回到本單元的主題來看，老子談的是欲望，是極易被外在世界誘發的人性內容，這是老子看到的「人性實然」。而這個章節探討的，也依然是這些「人性實然」該如何被安頓的問題。人在追求欲望的時候，並沒有辦法確立自身的價值，外在的世界給什麼，我們就只能接受什麼。若是一直處在這樣的狀態，那意味著人也將決定己身寵辱的權柄交在他人手中，只能讓外在的世界、他人決定自身的價值。

然而，當自己的價值無法被自己確立時，瘋狂地向外尋求，最終畢竟會迷失。

在老子看來，整個人類的文明發展，無疑是個集體迷失的過程，人不再去思考自己本該需要什麼、擁有什麼，卻漫無目的製造著一個個本不存在於世上的需求，在一次次看似滿足的經驗裡餵養更多的欲望。

這個過程對老子來說是失控的，由此也可看出老子透過文明的發展所反思的人性問題。

第三節：煩惱中透顯的智慧曙光

人性問題是所有關懷現世的思想家都難以迴避的問題。影響中國文化甚深的佛學思想，有很重要的部份，就是針對人性展開的。比如所謂的十二因緣（BOX7），內容就包括許多對人性實然的觀察。佛教的創始者釋迦牟尼有感於人間種種苦難，於是提出種種說法，解釋人生命流轉的過程，探討人性中的愛、憎惡、慾望與執著等等，如何與實際面臨的生老病死產生關係。這些討論的方向，與中國古代的人性論差別很大。佛教探討人性，思索的問題集中於人性如何在個人的生命中產生作用，包含如何從諸多煩惱以及複雜的因果關係中求得解脫。

佛教思想傳入中國之後，與中國本有的思想交互影響，也展開了許多新的討論。「佛性」就是在佛教中國化（BOX8）後出現的一個重要的概念。人們開始思索著，一個人之所以能夠「開悟」、「得道」、「成佛」，與人性裡本有的部分是否有關聯。原始佛教中重視的「人性實然」，從此也增添了「佛性」的部分。關於人的佛性，可以參看中國禪宗（BOX9）有名的典籍《六祖壇經》（BOX10），以下選錄裡面的〈般若品〉中幾段文字為例。

文本選讀

2-3-1

善知識[39]：「菩提[40]般若[41]之智，世人本自有之，只緣[42]心迷不能自悟，須假[43]大善知識[44]示導見性[45]。當知愚人、智人，佛性本無差別，只緣迷悟不同，所以有愚有智。」《六祖壇經 · 般若品》

2-3-2

善知識：「『摩訶[46]般若波羅蜜[47]』是梵語，此言大智慧到彼岸。此須心行[48]，不在口念。口念心不行，如幻、如化、如露、如電[49]；口念心行，則心口相應。本性是佛，離性無別佛[50]。」《六祖壇經 · 般若品》

2-3-3

善知識：「凡夫即佛[51]，煩惱即菩提。前念[52]迷，即凡夫；後念悟，即佛。前念著境[53]，即煩惱；後念離境，即菩提。」《六祖壇經 · 般若品》

注釋

39 善知識：指正直而有德行，能教導正道之人。反之，教導邪道之人，稱為惡知識。此處六祖惠能用以稱呼門下的修行者。

40 菩提：覺悟，意指了解事物的本質。此為梵語音譯。

BOX7 十二因緣（梵文、巴利文：Nidāna）：佛教重要的基礎理論。分別是：無明、行、識、名色、六處、觸、受、愛、取、有、生、老死。這是佛陀證得的真理，是無常的，彼此之間有著「此有故彼有、此生故彼生」的緣起關聯。

BOX8 佛教中國化：印度佛教傳到中國，受中國文化影響產生變化。

BOX9 禪宗：佛教宗派。禪宗的傳承不在於文字，甚至並非衣缽，而在心印。禪宗是影響中國最深的佛教宗派，對思想及藝術亦影響深遠。

BOX10《六祖壇經》：記載中國禪宗六祖惠能生平事跡及啟導門徒的言教，是研究禪宗思想淵源的重要依據。

41 般若：智慧，意指洞察世間的道理。此為梵語音譯。

42 緣：因為。

43 假：藉由。

44 大善知識：指已開悟的先知先覺。

45 示導見性：開示引導以體現本性。

46 摩訶：偉大、廣大。此為梵語音譯。

47 波羅蜜：即自生死迷界之此岸而至涅槃解脫之彼岸。意指以智慧證得大道，領悟世間之理，最後自苦難中解脫。此為梵語音譯。

48 心行：念念不忘，用心體悟。

49 如幻、如化、如露、如電：用以比喻一閃而逝，虛幻不實。

50 離性無別佛：離了人之本性，就無法悟得佛理。

51 凡夫即佛：凡夫就是佛，意指凡人皆有佛性，有悟道的可能。

52 前念：先前的念頭，此處相對後面的後念而言。

53 著境：執著於塵世。境：人境，人世間。與其後的「離境」相對。

章旨詮釋

《六祖壇經》這幾段文字，展示了禪宗的人性觀。

第一段文字中，提到「菩提般若之智」是每一個人都有的。愚人與智人的差別並不在先天的資質，而是在於心的迷或悟。心迷的人，執著於人世中的種種苦樂喜悲，無法超脫一切，是以愚昧。這樣的人，必須透過已開悟的「大善知識」來「示導見性」，也就是引導人們去觸見自己的本性。已開悟的人就是經文中的「大善知識」，他們之所以能夠「示導見性」使人不再心迷，有個重要的前提條件，就是般若智慧並不是外在的，而是存在於人心中的。是以這裡大善知識扮演的角色並不是一個「智慧」的提供者，而是帶領人開悟的引導者。

下面一段文字延續了上面的問題。經文說明「摩訶般若波羅蜜」這句梵文，就是「大智慧到彼岸」的意思。「彼岸」不是一般所指的「死後的世界」，而是「離苦得樂」、領悟世界的真理、證成大道後所達到的境界，到達彼岸也就是人們所謂的「成佛」(BOX11)。

「此須心行，不在口念。口念心不行，如幻、如化、如露、如電」這段話的意思是說，如果只是口中唸誦經文，那麼彼岸終究是虛無縹緲、遙不可及的，就像是夢幻泡影，像是轉瞬即逝的露水或雷電。而口中唸誦之外，心也能跟著領悟，那才有成就這個境界的可能。

之後提到「本性即佛，離性無別佛」，將人能否悟道的種種條件討論回歸自身。

人本就有「佛性」、有「悟道」的可能，要悟道自然不能離開人心與人性，必須要回歸自己的內心，面對心中的種種問題，而不是向其他地方探求。

最後節錄的一段，是隨著前面的概念延伸而來的討論。「凡夫即佛，煩惱即菩提。」意謂「凡夫」就是「佛」，「煩惱」就是「菩提」。

「凡夫」與「佛」、「煩惱」與「智慧」本是相衝突的，依據一般的理解，人需要經過悟道的過程，才能從種種煩惱中解脫，才能成佛。理論上，前者與後者是有次序性的，是經悟道過程而變化的，但這裡卻說凡夫就是佛、煩惱就是智慧，這又是什麼意思呢？

後面的經文其實已為這個問題提供了解答的方向。「前念迷，即凡夫；後念悟，即佛。前念著境，即煩惱；後念離境，即菩提」這一段，則試著說明凡夫如何成佛。前念後念是人前後的念頭，可以理解為心境的變化。此處的意思是說，先前的念頭執迷不悟，那此人就是凡夫，後面開悟了，那就成佛了。「著境」就是執著於人世間種種煩惱，產生諸多妄想。人若放不下人間的欲望與執著，煩惱才會產生。「離境」就是捨離這一切，不再執著於無常世間，這就是「悟」，這煩惱也將不再困住人們，智慧就出現了。

BOX11 佛：「佛」是「覺者」的意思，指的是悟道之人。

這段經文值得注意之處，在於「即」這個字。「即」在這裡就是「是」的意思，依據經文後面的說明，本也可以只說「凡夫可以成佛」、「煩惱可以化作菩提」，但這裡卻直接說凡人就是佛，這在意義上又更推進了一層。

我們可以試著從這個方向來理解：佛的境界是由人悟得的，智慧也是由煩惱而生的，這些本就存在的困境，是解脫的重要基礎。在禪宗的觀點看來，凡夫與佛、煩惱與菩提的本質並無區別，解脫指的更不是讓煩惱消失，而是找到一個適切的方式去安頓煩惱，與之和平共處。人生在這個世間，總有種種欲望與需求要面對，迷與悟實是一體兩面，相依相存的。沒有迷就沒有所謂的悟，人離了世間煩惱，更不會有成佛的可能。

回頭看看所謂「本性即佛，離性無別佛」。所謂的「佛」與「菩提」是離不開這個世間的，與人間的諸多煩惱息息相關。人要從煩惱中解脫，並不能在人心之外找尋解方，尋求外力的協助，而必須要面對自己的內心，克服一切妄念，用心去體悟世間之理。

在禪宗的觀念裡，佛法產生於這個紛亂世間，修行人並不能離世求道。遠離人世的修行，無法讓人照見世間真實，證得無上智慧。中國有許多禪宗人物對這世界充滿熱情，甚至直接將這擾攘人間當成修道場。曾有一位禪師說過「能為千古傷心之人，則能為萬世快心之事」，禪宗展現了佛法積極入世的一面，一方面將世間一切煩惱作為得智慧、證大道的基礎，一方面也再次強調了修習佛法者的使命，悟道之後，便多了一個度化他人的責任。(提問 e)

從這些文獻中，我們可發現許多關於人性的討論，最重要的目的不在釐清「人性」的抽象概念，而是從不同的人性面相切入，建立一套安頓人性人心之方法，無論是擴充善性、教化，或是試著去放下個人的欲望與執著，抑或面對內心的煩惱，都是為了讓人往更好的地方走去。

思想家們談人性問題，關懷的是人類將何去何從，在現實的人間又該如何安頓這些本已存在人心中的特質。

其間或許有人因為立場不同、關注的重點不同，引發了一些爭論，但最後如果沒有回到如何在現世安放人性的討論，這些爭論也就不能開展出更深刻的意義。(提問 f)

關於人性的討論至今依然持續著，與其說這些討論延續了過往的傳統，不如說這些思索與過往人們曾探討過的那些，存在著千絲萬縷的關係。隨著時代演進，對於「人性如何被安放」，「人性如何影響接下來的文明」，只會出現更多元豐富的

討論，這個古老又現代的議題，始終存在著豐富的價值，等待人們去挖掘。

提問e：禪宗重視的不是經典文字，而是「心印」，也就是心的體悟。也因為這個特性，禪宗起初在中國發展時，不太公開傳法，很多時候只傳道給「大根器之人」，也就是悟性較高、資質較好的人。根據這樣的背景，請試著回答六祖惠能強調「凡夫即佛」在禪宗的發展史上可能會起到什麼樣的作用？這個觀點在社會上的意義是什麼？

提問f：比較《孟子》與《六祖壇經》談論到人之本性的問題，《孟子》側重的是人為善的可能，《壇經》則強調人人都有佛性。請試著分析這兩種觀點有何差異，以「善」與「悟」之間的異同比較為出發點，簡單討論儒家與佛家在處理人性問題時有何區別。

問題與討論

1. 試著舉出一個人性影響文明發展的例子，並探討這個發展可能對人類的福祉有什麼貢獻，又可能造成了什麼問題？簡單寫下來。

<table>
<tr><td rowspan="4">人性影響文明發展的例子</td><td>可能對人類的福祉有什麼貢獻？</td></tr>
<tr><td></td></tr>
<tr><td>可能造成了什麼問題？</td></tr>
<tr><td></td></tr>
</table>

2. 現代科學發現了「鏡像神經元」（mirror neuron）。這種神經元在動物觀察其他個體執行同一行為時，會產生一種「鏡像」的效應，讓自身感覺彷彿自己正在進行同樣的行為。有學者認為鏡像神經元可能對「理解他人的行為」十分重要，這使人類能夠通過模仿學習到新的技能。這種神經元的發現，似乎為人與人之間同情共感的能力提供了科學基礎。請試著思考看看，現代科學的這項發現，會增加孟子學說的說服力嗎？請簡述理由。

決定立場	寫出理由
鏡像神經元的發現： ☐ 會 ☐ 不會 增加孟子學說的說服力。	因為：

3. 現代社會已全面進入網路時代，人與人之間的互動模式和過去完全不同。隨著生活習慣、物質文明等等不斷的演變，人產生欲望的途徑也越來越複雜。從原始的經典裡（例如《老子》）我們看到，過去思想家們認為人最初的欲望與感官知覺相關，追求的是直接可享受／享用的資源，但如今人們已不會再被這些簡單的感官享受滿足，如此一來，這些古老的人性討論在今天依然適用嗎？人類製造欲望的模式與過去是否仍有共同之處呢？

4、當代的社會上，有人主張宗教人士不應該參與政治，應該要專心在自己的修行上，不理會俗世的問題。根據你閱讀了《六祖壇經》後的理解，你認為這個觀點是否與禪宗的理念不合呢？所謂的修行，真正的目的應該是什麼？一個宗教形成宗派後，是否也要背負一些社會責任呢？說說你的看法。

普通型高級中學國文 2

普審字第 109009 號
企　　劃 / 深崛萌
編輯顧問 / 吳勝雄（吳晟）、林淇瀁（向陽）、陳萬益、許又方、楊佳嫻、廖振富、廖玉蕙、駱靜如
主　　編 / 楊翠
執行主編 / 朱宥勳
編輯委員 / 石牧民、吳昌政、林蔚昀、林廷諭、陳茻、莊勝涵、盛浩偉、曾琮琇、趙弘毅
執行編輯 / 許書容、陳冠禎
文字校對 / 周愛華、徐藝嘉
封面設計 / 林峰毅
內頁設計 / 林峰毅、Johnson Lin
插　　畫 / Kan－繪製〈種花〉、〈童女之舞〉
左萱－繪製〈與元微之書〉、〈愛情・鮮花・夢想的莊園－殷海光〉、〈古詩、樂府詩選〉
李隆杰－繪製〈父後七日〉、〈男人的撒嬌文化〉
金芸萱－繪製〈寄遠戍東引的莫凡〉、〈張李德和詩文選〉
葉羽桐－繪製〈鴻門宴〉
葉長青－繪製〈中華文化基本教材第一單元〉、〈中華文化基本教材第二單元〉
法律顧問 / 昱昌律師事務所林傳哲律師

發行人兼總編輯 / 廖之韻
創意總監 / 劉定綱
出　　版 / 奇異果文創事業有限公司
地　　址 / 臺北市大安區羅斯福路三段 193 號 7 樓
電　　話 /（02）23684068
網　　址 / http://www.facebook.com/kiwifruitstudio
http://www.titsia.com.tw
信　　箱 / yunkiwi23@gmail.com

總 經 銷 / 紅螞蟻圖書有限公司
地　　址 / 臺北市內湖區舊宗路二段 121 巷 19 號
電　　話 /（02）27953656
傳　　真 /（02）26954100
網　　址 /http://www.e-redant.com

印刷 / 永光彩色印刷股份有限公司

初　　版 /2020 年 2 月
ISBN/978-986-98561-6-4

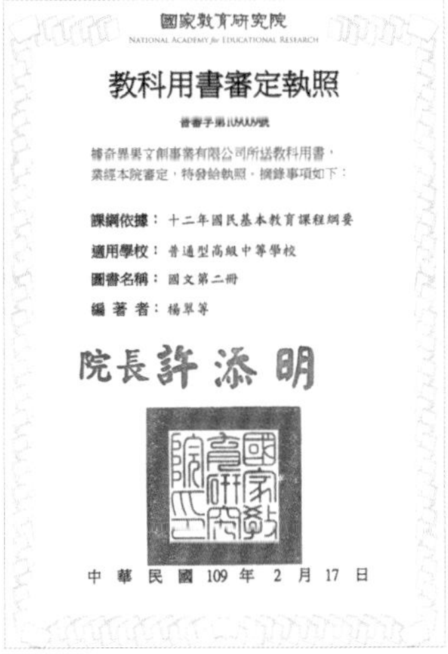
國家教育研究院
NATIONAL ACADEMY for EDUCATIONAL RESEARCH

教科用書審定執照

據奇異果文創事業有限公司所送教科用書，
業經本院審定，特發給執照，摘錄事項如下：

課綱依據：十二年國民基本教育課程綱要
適用學校：普通型高級中等學校
圖書名稱：國文第二冊
編 著 者：楊翠等

院長許添明

中華民國 109 年 2 月 17 日